VOL.24

Dados Internacionais de Catalogação na Publicação (CIP)
(Câmara Brasileira do Livro, SP, Brasil)

Medina, Cremilda.
M443n   Notícia, um produto à venda: jornalismo na
2.ed.   sociedade urbana e industrial / Cremilda Medina. – 2.
        ed. – São Paulo: Summus, 1988. (Novas buscas em
        comunicação; v. 24)

Bibliografia.
ISBN 85-323-0325-0

1. Comunicação de massa 2. Jornais 3. Jornalismo
I. Título. II. Título: Jornalismo na sociedade urbana e
industrial. III. Série.

                                        CDD-302.2322
87-2676   -070

Índices para catálogo sistemático:

1. Jornais : Comunicação de massa : Sociologia   302.2322
2. Jornalismo   070
3. Notícias jornalísticas : Comunicação de massa : Sociologia
                                                 302.2322

Compre em lugar de fotocopiar.
Cada real que você dá por um livro recompensa seus autores
e os convida a produzir mais sobre o tema;
incentiva seus editores a encomendar, traduzir e publicar
outras obras sobre o assunto;
e paga aos livreiros por estocar e levar até você livros
para a sua informação e o seu entretenimento.
Cada real que você dá pela fotocópia não autorizada de um livro
financia o crime
e ajuda a matar a produção intelectual de seu país.

NOTÍCIA
Um Produto à Venda

Jornalismo na sociedade
urbana e industrial

CREMILDA MEDINA

summus
editorial

NOTÍCIA: UM PRODUTO À VENDA
Jornalismo na sociedade urbana e industrial
Copyright © 1978 by Cremilda Medina
Direitos desta edição reservados por Summus Editorial

Capa: **Roberto Strauss**

1ª reimpressão, 2022

Summus Editorial
Departamento editorial
Rua Itapicuru, 613 – 7º andar
05006-000 – São Paulo – SP
Fone: (11) 3872-3322
http://www.summus.com.br
e-mail: summus@summus.com.br

Atendimento ao consumidor
Summus Editorial
Fone: (11) 3865-9890

Vendas por atacado
Fone: (11) 3873-8638
e-mail: vendas@summus.com.br

Impresso no Brasil

NOVAS BUSCAS EM COMUNICAÇÃO

O extraordinário progresso experimentado pelas técnicas de comunicação de 1970 para cá representa para a Humanidade uma conquista e um desafio. Conquista, na medida em que propicia possibilidades de difusão de conhecimentos e de informações numa escala antes inimaginável. Desafio, na medida em que o avanço tecnológico impõe uma séria revisão e reestruturação dos pressupostos teóricos de tudo que se entende por comunicação.

Em outras palavras, não basta o progresso das telecomunicações, o emprego de métodos ultra-sofisticados de armazenagem e reprodução de conhecimentos. É preciso repensar cada setor, cada modalidade, mas analisando e potencializando a comunicação como um processo total. E, em tudo, a dicotomia, teoria e prática, está presente. Impossível analisar, avançar, aproveitar as tecnologias, os recursos, sem levar em conta sua ética, sua operacionalidade, o benefício para todas as pessoas em todos os setores profissionais. E, também, o benefício na própria vida doméstica e no lazer.

O jornalismo, o rádio, a televisão, as relações públicas, o cinema, a edição — enfim, todas e cada uma das modalidades de comunicação —, estão a exigir instrumentos teóricos e práticos, consolidados neste velho e sempre novo recurso que é o livro, para que se possa chegar a um consenso, ou, pelo menos, para se ter uma base sobre a qual discutir, firmar ou rever conceitos. *Novas Buscas em Comunicação* visa trazer para o público — que já se habituou a ver na Summus uma editora de renovação, de formação e de debate — textos sobre todos os campos da Comunicação, para que o leitor ainda no curso universitário, o profissional que já passou pela Faculdade e o público em geral possam ser balizas para debate, aprimoramento profissional e, sobretudo, informação.

Os antecedentes deste trabalho
são por si uma dedicatória projetada no
tempo. Todos que trabalharam
em meu ambiente profissional ou de estudo
tiveram uma influência direta
nas reflexões que foram agora sistematizadas.
Aos colegas de redação, aos
colegas de turma, aos professores, aos alunos,
aos amigos, à orientação da pesquisa
universitária e à desorientação da luta pela
sobrevivência profissional, a 27
anos de busca tensa, dedico este resultado incompleto.

ÍNDICE

Introdução 11

Parte I

Conceito de mensagem jornalística como Informação

1. Informação jornalística. Produto da comunicação coletiva   15
2. Interação social ou consumo? 17
3. Informação jornalística e desenvolvimento 41

Parte II

Quadro de manifestações da mensagem jornalística

1. Focos de irradiação nos grandes centros urbanos 47
2. A questão dos gêneros jornalísticos 51
3. João do Rio ou o início da reportagem 53
4. As sementes se reproduzem 63
5. Informação, informação ampliada e opinião 67
6. Jornalismo — notícia acima de tudo 71

Parte III

Elementos de composição da mensagem

1. Componentes da mensagem: angulação 73
2. Edição, segunda componente estrutural 78
3. A captação levanta hipóteses 90
4. Formulação da mensagem e do código lingüístico 91
5. Fontes para a análise lingüística 94

Parte IV

Formulação verbal (subcategorias)

1. Subcategorias da macroestilística 99
2. Seqüência informativa e ritmo narrativo 100
3. Relação narrador/fonte 107
4. A cena e o real concreto 111
5. Análise do *Jornal da Tarde* 115
6. Apelos verbais da mensagem 118
7. Análise de apelos 119
8. Microestilística 124
9. Universo lexical 124
10. Relações sintáticas 127

Parte V

Posfácio (2.ª edição)

Um diagnóstico de 1987 133

Estágio industrial de produção 134

Estágio histórico-cultural da sociedade brasileira e da comunicação social 138

Estágio técnico do produtor 143

Conclusões e novas hipóteses 149

Anexos

Anexo I: Análise de duas coberturas. A edição 153

Anexo II: A frase jornalística: aspectos de fluência 175

Bibliografia 184

Sobre a Autora 187

INTRODUÇÃO

A análise da mensagem jornalística é uma proposta profissional que precedeu o trabalho universitário de pós-graduação. De uma insatisfação do fazer jornalístico, surgiram dúvidas e necessidade de reflexão. A vida profissional oferece oportunidades muito difusas de sistematização. Os estudos se diluem numa bibliografia incidental, falta sondagem orientada quanto aos problemas e não se manipula uma metodologia de pesquisa. E foi por isso que, depois de dez anos de atividade jornalística, voltei à universidade para fazer um pós-graduação na década de 70.

O processo de maturação deste trabalho sofreu definitivamente a ampla abertura teórica dos cursos de Mestrado. A mensagem jornalística foi, gradualmente, remetida para certos quadros contextuais indispensáveis. As experiências passaram por análises e os dados receberam um tratamento que ia do intuitivo ao intencional. Cedo se tornou possível constatar que essa deficiência pessoal sintonizava com a bibliografia brasileira (e, em grande parte, norte-americana) de Jornalismo. Todos os modelos de análise pecam pela falta de enquadramento da mensagem na Comunicação e na Comunicação Coletiva de nosso século. O esforço de percorrer as correntes "teóricas" do Jornalismo levou a vazios significativos. O que se propôs como imediato foi estudar um novo modelo de análise, aprofundando o fenômeno na malha de suas componentes. E, depois de várias indecisões, o enfoque se definiu.

As quatro partes em que se divide este trabalho representam os passos evolutivos para perseguir um modelo de análise da mensagem jornalística. Conceitualmente, era preciso partir da indústria cultural e da Comunicação de Massa. Então, na primeira parte, afloram a polêmica bibliográfica sobre o assunto e as correntes mais atuais (já da década de 60), onde me situo para conceituar a informação jornalística como produto de consumo dos centros urbanos industrializados ou em industrialização. A segunda parte discute as tradicionais classificações da mensagem e levanta, fundamentada na conceituação anterior, uma nova classificação. E as demais partes

11

procuram dissecar as componentes da informação e sua articulação no Jornalismo.

Toda a comprovação das idéias afirmadas sai de três fontes de trabalho — primeiro, a experiência direta profissional e a sensibilidade do real vivido; segundo, sondagens traduzidas numa sistematização qualitativista, embora guardando certos cuidados com a quantificação; terceiro, fundamentação bibliográfica e análise de correntes de pensamento que vêm interpretando o processo jornalístico no nível teórico. A articulação dessas fontes está plenamente consciente, do primeiro ao último momento, do desbravamento precário à necessidade de projetar a longo prazo a pesquisa que iniciei.

Os resultados deste registro fazem parte de um plano mais extenso. A revisão teórica dos tradicionais conceitos de jornalismo e das classificações da mensagem deu margem a novas propostas que, como modelo, exigem amplas verificações. Não é fácil realizar essa atividade individualmente. Já na atual fase foi muito importante a contribuição dos cursos de Jornalismo Informativo e Jornalismo Interpretativo, bem como a Agência Universitária de Notícias que estruturei no Departamento de Jornalismo e Editoração da Escola de Comunicações e Artes da Universidade de São Paulo, com o auxílio do professor Paulo Roberto Leandro e a equipe de alunos monitores (período de 1971 a 1975). Mas para levar a efeito uma pesquisa completa de aplicação do modelo e verificação segura das hipóteses, seria indispensável o trabalho de equipe e a instituição Pesquisa com recursos humanos e materiais, ideal impraticável nos nossos meios universitários.

A aplicação imediata de um modelo de análise da mensagem jornalística está muito presente nas intenções do trabalho — não concebo um estudo sem estreita vinculação com seu caráter operacional. Assim, esta pesquisa surge de uma realidade profissional e a ela se dirige. Sua operacionalidade foi testada em cursos de Jornalismo e no inerente treinamento dos alunos. Na realidade, o que ocorre é uma consciência do fazer jornalístico e a possibilidade de sistematizar os caminhos de aperfeiçoamento. E nesse laboratório, o que mais enriquece o modelo é a direta correlação com a realidade profissional. Se o modelo apresentado não chega à abstração teórica num rigorismo acadêmico tradicional, pelo menos fala muito de perto do que acontece no dia-a-dia jornalístico.

NOTA DE ACRÉSCIMO À 2.ª EDIÇÃO

Passados quinze anos desse esforço de análise da informação jornalística na sociedade urbana e industrial, conto com alguns reforços positivos: primeiro, o livro recebeu grande acolhida tanto nos meios especializados, quanto em outras áreas de Humanas, como Administração de Empresas e Letras; segundo, houve uma progressiva incorporação de certos conceitos através de outros autores, o que muito me alegra; terceiro, foi um ponto de partida nuclear para minhas posteriores pesquisas, reflexões e, sobretudo, para a atuação profissional. Claro que não se reduziu a insatisfação do trabalho incompleto. Em livros posteriores (*Profissão Jornalista: Responsabilidade Social* e *Entrevista — O Diálogo Possível*), tentei desdobrar certos capítulos que muito me inquietam. O primeiro deles, a personalidade ética do comunicador, o produtor de mensagens; depois, a linguagem da intermediação social. Mas não é suficiente. Este projeto — ambicioso no primeiro fôlego — me lançou interrogações para a vida inteira. E como diz João Cabral de Melo Neto, "um galo sozinho não tece a manhã".

Ao reeditar *Notícia: Um Produto à Venda*, penso em renovar o desafio pessoal e o desafio à tecitura coletiva que o pode enriquecer.

PARTE I

CONCEITO DE MENSAGEM JORNALÍSTICA COMO INFORMAÇÃO

1. *Informação Jornalística. Produto da Comunicação Coletiva*

M. Vázquez Montalbán,[1] no livro *Inquérito à Informação* sintetiza o desenvolvimento da informação jornalística ao longo do tempo: o trânsito de informações na Grécia e em Roma, a pré-história; o desenvolvimento do comércio da Idade Média em diante; a origem do noticiarismo; e quando começam a surgir publicações periódicas (século XVII), é o domínio do jornalismo regular vinculado de imediato aos grandes centros urbanos da Europa.

A identificação da mensagem jornalística com atividades urbanas, primeiro comerciais e em seguida industriais, leva-a à expansão que hoje se identifica na comunicação de massa. Para o homem que se afasta do núcleo primitivo de uma sociedade tradicional e transita no espaço extenso e complexo do núcleo urbano entrelaçado com muitos outros núcleos urbanos, os problemas de informação se avolumam. "A imagem que o homem faz de seu ambiente é moldada por sua experiência. Esta experiência até um tempo, para a grande maioria da humanidade, esteve restrita a contatos diretos com reduzido número de outros seres humanos, com os quais cada pessoa vivia em sociedade numa diminuta área geográfica, circunscrita a uma distância que poderia cobrir a pé num dia."[2] A esse dado clássico, citado por Daniel Lerner — o *espaço* de interação social — acrescenta-se outro não menos importante: o *tempo*. "As alternativas que esse homem poderia ter", continua o autor, "estiveram limitadas por sua experiência imediata do passado, em sua comunidade, e pelo que lhe foi transmitido oralmente por seus antepassados". Com essas duas variáveis, *tempo* e *espaço*, a informação jornalística se alicerça na sociedade urbana e industrial.

---

1. M. Vázquez Montalbán, *Inquérito à Informação*, Lisboa, Iniciativas Editoriais, 1972.
2. Max F. Millikan, "A Mudança Tecnológica", *in* Daniel Lerner e Wilbur Schramm, *Comunicação e Mudanças nos Países em Desenvolvimento*, São Paulo, Melhoramentos, 1973, p. 17.

Vencida uma das principais limitações humanas, tempo/espaço, ninguém tem dúvida ao atribuir a vitória aos recursos tecnológicos que veiculam a informação. E logo se percebe também que os próprios avanços tecnológicos fazem parte das necessidades da industrialização, ou que reforça a informação, no caso, jornalística, como decorrência normal do sistema econômico que está na base. Há então a considerar a informação como outro produto, mais um, desse sistema. Nesse momento, é preciso examinar o problema no seu enquadramento geral: informação jornalística como produto de comunicação de massa, comunicação de massa como indústria cultural e indústria cultural como fenômeno da sociedade urbana e industrializada. Naturalmente, só com a expansão e maturidade dos meios, em nossa época, é que essa reflexão está tomando corpo. O jornalismo nos meios gráficos e eletrônicos, o cinema e a televisão nos programas de lazer, todos os recursos técnicos de reprodução e divulgação de informação são jogados no quadro amplo da comunicação de massa. E não é mais possível discorrer sobre a mensagem jornalísica como um dado isolado dessa realidade.

A teorização sobre a informação jornalística tem corrido em perseguição à práxis. A corrente mais antiga, primeira interrogação teórica da fase do jornalismo junto à ascensão da burguesia, se liga às preocupações de *liberdade de informação*. Parte daí todo um caudal de reflexões que culminam no que hoje se discute como "Direito à Informação". Com a evolução das empresas jornalísticas, aparece outro ramo de estudos essencialmente pragmático, centralizado na eficiência técnica. Parte, sobretudo, de profissionais ou semiprofissionais, a busca de uma teorização imediatista do *fazer jornalístico*. São os embriões de manuais ou os compêndios que levantam o processo técnico da informação ao nível de código verbal. Poderíamos situar este quadro de estudos como forma de conhecimento do *fenômeno técnico imediato*. É diante de um certo deslumbramento e espanto pela expansão e potencialidade de poder dos meios, principalmente com o surgimento do rádio e depois da televisão, que, nos Estados Unidos, forma-se a corrente de pesquisa direta dos efeitos da comunicação coletiva. A experiência reunida deu aos norte-americanos outra fonte de conhecimentos: *pesquisas de efeitos*, apologias do potencial tecnológico da comunicação coletiva, *quadros proféticos* e *soluções* para os países subdesenvolvidos ou em desenvolvimento. Mas essa fase, desencadeada na primeira metade do século, foi seguida de uma etapa crítica. Não mais satisfeitos com estudos específicos do fenômeno, os teóricos da Escola de Frankfurt vão remeter as mensagens e efeitos da comunicação de massa para um referencial bem mais amplo, a *Sociologia da cultura de massa*. E desse gérmen aparecem novas correntes: nos Estados Unidos, uma outra geração de críticos da cultura de massa (não mais encantados com seu poder e efeitos, mas tremedamente pessimistas quanto à massificação); na Europa, a corrente intelectual que descarrega na cultura de massa a imensa culpa de "kitschizar" os valores autênticos; a corrente política (geralmente de esquerda) também descarregando na comunicação coletiva as culpas do capitalismo; e, por fim, a corrente mais atual que está procurando compreender, sem paixões, o que é realmente esse fenômeno novo. E para compor todos esses conhecimentos e tentar uma *teoria da comunicação de massa*, várias áreas de trabalho se integram: a História, a Sociologia, a Antropologia, a Lingüística e os campos mais recentes como Teoria da Informação, Teoria da Comunicação e Semiologia. No entroncamento de todos esses dados das Ciências Humanas, é preciso encontrar a conceituação da mensagem jornalística. Depois, ainda permanece outro problema: se encontramos elementos teóricos que possam delinear o quadro de referência da sociedade industrializada, típica do século XX, como equacionar os parâmetros teóricos de sociedades como a brasileira, não desenvolvidas, em relação aos centros geradores desses conhecimentos? Na América Latina, pode-se perceber um movimento para unir esforços nesse sentido, por meio de um organismo centralizador como o CIESPAL[3] ou de focos universitários brasileiros como os da Universidade de São Paulo e Universidade de Brasília (Escolas de Comunicação), alguns autores de Buenos Aires (entre eles, o mais importante, Eliseo Verón), de Santiago do Chile, Bogotá ou México. Mas, na realidade, tudo está por fazer.

2. *Interação Social ou Consumo?*

Para retomar o conjunto de correntes teóricas esboçadas nas páginas anteriores, numa retrospectiva sintética da teorização sobre a mensagem jornalística, é necessário começar pela tradicional posição do Direito à Informação. Muito se escreveu, a partir do século XVIII (com os iluministas), sobre a importância da informação e a necessidade de seu livre trânsito. Fred S. Siebert[4] faz um balanço, junto com Theodore Peterson, das teorias de liberdade de imprensa e reúne aí três posições teóricas muito significativas — especialmente como patrimônio histórico do conhecimento reflexivo sobre a informação jornalística. A primeira fase, "teoria autoritária da Imprensa", típica dos séculos XVI e XVII, se fundamentava numa

---

3. CIESPAL — Centro Internacional de Estudos Superiores de Periodismo para a América Latina, com sede em Quito, Equador. Este centro promove pesquisas e cursos anuais para jornalistas e professores de Comunicação, reunindo especialistas na área de todo o mundo.

4. Fred Siebert e Theodore Peterson, *Três Teorias sobre la Prensa*, Buenos Aires, Ediciones de la Flor, 1967.

posição sintomática do sistema sócio-econômico da Europa, sobretudo Inglaterra e França: o conhecimento se descobre por esforço mental e os homens diferem entre si quanto à habilidade para empregar os processos mentais. Nesse sentido, as informações, fruto de mentes privilegiadas, circulam controladas por aqueles que têm as chaves do conhecimento. Naturalmente, a ascensão da burguesia em seu esquema revolucionário, do século XVII em diante, vai romper essa posição teórica: o liberalismo luta contra as "mentes privilegiadas"; o método exclusivo de chegar à verdade resulta da livre concorrência de opinião num mercado aberto. A teoria libertária vai amadurecer gradativamente e chega a nossos dias em campanhas políticas fundamentadas em extensa bibliografia que clama por liberdade de informação. O jornalismo romântico das revoluções nacionais acreditava indiscutivelmente nessa liberdade. Mas o *slogan* "mercado livre de idéias" esbarrou na complexidade tecnológica desencadeada pela evolução industrial e, por conseqüência, na complexidade informativa. Os críticos atacam, então, o compromisso da grande engrenagem (complexo industrial da informação) com sua infra-estrutura econômica e, por outro lado, despertam para a necessidade de um novo compromisso com os extensos públicos urbanos. A teoria da responsabilidade social, nova fase teórica, transforma o "Direito *de* Informação" em "Direito *à* Informação". Aceita (da teoria libertária) o papel a serviço do sistema político, o de ilustrar o público, o de proteger as liberdades do indivíduo, mas considera a ação da Imprensa liberal deficiente. A responsabilidade social luta contra os pressupostos da indústria da informação, levanta então o pessimismo latente que será a nota constante de outras correntes teóricas e quer garantir a todo custo uma proteção a essa massa de consumidores da informação. Os códigos éticos surgem desse contexto. O mais antigo, citado por Siebert, é de 1923. A Sociedade Interamericana de Jornais resolve promulgar os cânones do jornalismo. As bandeiras da nova proposta: bem-estar geral, sinceridade, veracidade, imparcialidade, jogo limpo, decência, respeito à reserva individual.

Muito preocupados com a função social, os teóricos do "Direito à Informação" tendem a esquemas ora desvinculados de uma realidade dinâmica, ora pregadores morais de uma realidade ideal. Jacques Léauté,[5] ao dividir a mensagem jornalística em distração, educação e animação (entendida esta última no sentido de mudança, espírito de mudança); e ao situar as deformações da função social em três outros elementos como seleção das informações, aspecto morfológico (como a informação se situa no espaço gráfico) e opção

---

5. Jacques Léauté, *Concepciones Políticas y Jurídicas de la Información*, Quito, CIESPAL, 1969.

por parte do público quanto ao que vai ler — reduz de forma simplista uma dinâmica que extrapola seu esquema. Com um pouco mais de requinte, os autores atuais da mesma faixa de preocupações, como Carlos Fayt,[6] ampliam o estudo à estrutura econômica da empresa jornalística. "É importante enfatizar que não obstante a concentração e a dependência da imprensa com relação à publicidade, a competição em matéria de imprensa permanece relativamente aberta."[7] Então as posições chegam à encruzilhada teórica do "Direito à Informação", visto pelo prisma de dependência do complexo industrial: por um lado, há forças que tolhem totalmente sua responsabilidade social (como o grande investimento industrial que representa e a publicidade a que está, de certa forma, submetida); e por outro o sistema de comunicação coletiva permite uma competição de pequenos empreendimentos (como órgãos de sindicatos, veículos de certos grupos profissionais e sociais) que opõem iniciativas relativamente independentes. Mas só uma Sociologia da cultura de massa pode levar essa contradição adiante.

A formação da grande indústria da informação cujo símbolo são as Agências de Notícias e as cadeias jornalísticas (fins do século passado e primeira metade deste), exige a profissionalização dos técnicos que processam esse produto. Muito natural o surgimento, então, de uma corrente de pensamento para disciplinar a aprendizagem do "ofício" até aí acessório de jornalista. Em termos de eficiência, a preocupação é bem utilitária e os conhecimentos procuram reunir as constantes da experiência direta. Estudos clássicos semelhantes, como o de Fraser Bond,[8] vão se desenvolver especialmente nos Estados Unidos. O papel das universidades, introduzindo em seu elenco de cursos o Jornalismo, torna-se fundamental. Os centros norte-americanos, posteriormente os europeus, com focos de produção bibliográfica hoje consagrados (Columbia e Michigan, Bruxelas, Navarra, Estrasburgo, Paris), originam uma série de publicações que situam a mensagem jornalística e a disciplinam por características particulares. Com o conceito de *estar/participar* numa realidade social por meio da informação, autores como José Ortega Costalles se dedicam ao mundo da *notícia*, "a preciosa oportunidade de participar muito mais intensa e extensamente na História".[9] A análise interna faz divisões teóricas quanto aos valores, classes, circunstâncias de interesse, qualidades intrínsecas da notícia.[10] Como o obje-

---

6. Carlos Fayt, *Ciencia Política y Ciencias de la Información*, Buenos Aires, Biblioteca OMEBA, 1965.
7. J. Rivero, *L'Opinion Publique*, II, *apud* obra citada na nota 6, p. 57.
8. Fraser Bond, *Introdução ao Jornalismo*, Rio, Agir, 1962.
9. José Ortega Costalles, *Noticia, Actualidad, Información*, Pamplona, Universidad de Navarra, 1966.
10. Felipe Tarroba Bernaldo Quiros, *La Información y el Periodismo*, Buenos Aires, EUDEBA, 1968.

tivo imediato era a preparação da nova camada de técnicos, os autores exploram muito a sistematização de um método de trabalho — captação das informações, técnica do repórter, elaboração das notícias e técnica de redação. Uma obra típica dessa produção teórica é a de Mitchell Charnley, *Reporting*, que atinge até hoje um grande sucesso editorial.[11] Nesse campo de reflexões o que se torna mais interessante observar, com referência ao conceito de mensagem jornalística, são as qualidades da notícia. Os autores estabelecem certos critérios coincidentes como o de *atualidade, interesse* por parte do público, *veracidade* e facilidade de assimilação ou *clareza* (legibilidade para os norte-americanos). E os critérios vão assumindo um *status* de verdades tácitas, sem aprofundamento crítico. Entre eles, o de interesse e o de veracidade/objetividade são os casos mais significativos.

A verdade de uma notícia, baluarte de um neoliberalismo (mercado livre de idéias) contemporâneo, se remete à fundamentação teórica da objetividade do acontecimento. Como diz Costalles, "o acontecimento é substantivo". Mas ele também salienta que é transposto para uma mensagem, através dos sentidos. Como o repórter está sujeito a uma observação perceptiva pouco objetiva, a única solução teórica é pregar certos cuidados técnicos: "(...) a missão do repórter é captar a realidade objetiva com a maior amplitude e precisão possíveis, narrá-la com fidelidade, de tal forma que o leitor receba a mais cabal informação sobre o fato".[12] Outro grupo de teóricos coloca diante do critério da objetividade, a *seleção* dos fatos noticiados. Perfeitamente sintonizados com os problemas dessa escolha em função da estrutura empresarial dos meios de comunicação, se entregam a um relativismo pessimista ou então partem para a análise do outro pólo de seleção que consideram mais determinante: o gosto do público. Temos então uma seleção regulada pelos interesses do consumidor. Há uma escala teórica já relativamente bem estabelecida: seja na perspectiva afetiva das emoções primárias que exigem certos conteúdos, na esfera racional que pede informações originais ou no âmbito da vontade de um público que *quer* estar informado para participar, os interesses representam para a notícia um termômetro indispensável. E é em torno desta identificação da mensagem com o gosto do público, que se teoriza o critério da proximidade da informação (na medida em que afete diretamente o público, individualmente, como diria Raymond Nixon, teórico dessa linha).[13] "Os fatores objetivos do interesse público são fatores subjetivos desse pú-

---

11. Charnley Mitchel, *Reporting*, Nova York, Holt, Rinehart and Winston, 1968.
12. *Idem* nota 9, p. 51.
13. Raymond Nixon, *Opinión Publica y Periodismo*, Quito, CIESPAL, 1967.

blico que modificam a importância dos fatos." [14] Então Felipe Tarroba Bernaldo Quiros (Buenos Aires, 1968) estabelece uma pirâmide de interesses previsíveis que o bom editor deve considerar: proeminência, celebridade das pessoas envolvidas nos fatos; importância das conseqüências; raridade do acontecimento, animação vital e interesse humano; rivalidade, conflito ou luta que o fato pressupõe; utilidade imediata do serviço informativo; entretenimento que proporciona. Também neste campo de teorização, parece que os esquemas coincidem ao estabelecer os principais interesses do público: emoções, superação, dinheiro ou propriedade, sexo, interesse local, importância social.

É claro que a teorização não poderia ficar apenas nessas conclusões esquemáticas. Logo, intersecções de outras áreas (Sociologia, Filosofia, Antropologia) levaram a análises mais profundas. Robert Park [15] e Walter Lippmann [16] já na década de 40 escreviam sobre a natureza da notícia e a notícia como forma de conhecimento. Retomando William James (1896), Park usa os conceitos de *conhecimento de* e *conhecimento acerca de*. O primeiro, "sintético, se incorpora no hábito e no costume, faz parte das acomodações e adaptações"; o segundo, "analítico e formal, baseia-se na observação e no fato verificado". E continua Park: "O que constitui, todavia, o caráter singular do conhecimento científico, em confronto com outras formas de conhecimento, é o ser comunicável até um ponto em que não o é o senso comum ou o conhecimento baseado na experiência prática e clínica. É comunicável porque seus problemas e suas soluções são apresentados não só em termos lógicos e inteligíveis, mas também em formas tais que podem ser verificados pela experiência ou pela referência à realidade empírica a que os termos se referem. (...) Notícia se encaixa aí, mas de forma diferente das ciências exatas e da História. A História se interessa tanto pelo acontecimento como pelas conexões do mesmo. O repórter procura registrar cada acontecimento isolado, à proporção que ocorre, e só se interessa pelo passado e pelo futuro na medida em que estes projetam luz sobre o real e o presente." [17] Park continua a definir a notícia como um presente muito especial do conhecimento: só é realmente notícia quando chega às pessoas para as quais tem um "interesse noticioso". Publicada e reconhecida a sua significação, o que era notícia se transforma em História. A relação público/notícia é configurada neste princípio — "todo o público tem seu próprio universo de discurso

---

14. *Idem* nota 10, p. 126.
15. Robert Park, "A Notícia como Forma de Conhecimento", *in* Charles Steinberg, *Meios de Comunicação de Massa*, São Paulo, Cultrix, 1970.
16. W. Lippmann, *A Natureza da Notícia*, *in* obra citada na nota 15, p. 49.
17. *Idem* nota 15, p. 171.

e um fato só é fato em algum universo de discurso". A maturação de um fato para que se torne notícia (que os compêndios técnicos deixam no ar) é esboçada neste trecho de Lippmann: "Cumpre que haja uma manifestação qualquer. O curso dos acontecimentos precisa assumir certa forma definível e, enquanto não atingir a fase em que algum de seus aspectos é fato consumado, não se extrema a notícia do oceano de verdades possíveis." [18]

Há uma distância considerável entre a teoria provinda de uma descrição da técnica de informação jornalística, ou dos próprios meios como a obra de Luka Brajnovic, *Tecnologia da Informação*, e a discussão e investigações críticas que estão acima referidas. Há muita certeza num postulado como o de Brajnovic: "A informação é o conjunto de formas, condições e atuações para fazer públicos — contínua ou periodicamente — os elementos do saber, de fatos, de acontecimentos, de especulações, de ações e projetos, tudo isso mediante uma técnica especial feita com este fim e utilizando os meios de transmissão ou comunicação social. Esta técnica especial pode ser a técnica jornalística, que necessariamente utiliza instrumentos próprios para que a informação — conseguida e formada por esta técnica — se faça pública. O conjunto destes instrumentos é o que chamamos Tecnologia da Informação." [19]

Não satisfeito com uma análise descritiva do fenômeno, Otto Groth partiu para a determinação de suas características e leis ao nível científico. Sua teoria nos chega por intermédio de seu intérprete de Navarra, Angel Faus Belau.[20] A "Ciência Jornalística", contribuição alemã que se desenvolve no período de entreguerras, exemplifica ao máximo a preocupação específica do Jornalismo situar-se teoricamente. Com rigor funcionalista, Otto Groth joga com leis e textura de fenômeno científico. Seu objeto de estudo, o fenômeno "Periodika", inclui jornais, revistas e folhetos. A pesquisa nesse fenômeno se volta então para as características intrínsecas O autor precisa quatro: *periodicidade, universalidade, atualidade e difusão*. A informação jornalística, tratada assim no nível científico, está regida por leis, ou melhor dito, pelas relações funcionais das quatro características. "Cada periódico deve voltar periodicamente no tempo"; a universalidade da informação é aquele ponto de contato essencial "eu e o mundo", "tu e eu", "eu e a natureza" em que todos se encontram; a atualidade expressa a relação de dois pontos no tempo, significa o cair de um ser ou de um fato dentro da presença e do

---

18. *Idem* nota 16, p. 187.
19. Luka Brajnovic, *Tecnología de la Información*, Pamplona, Navarra, 1967, p. 31.
20. Angel Faus Belau, *La Ciencia Periodística de Otto Groth*, Pamplona, Navarra, 1936.

agora, atual é o que cai na presença ou que tem, em outros termos, uma relação para a presença; e a difusão é medida de realização do universal e do atual, representa o potencial de acesso da informação. As relações funcionais das características do fenômeno jornalístico são a parte culminante do esquema teórico de Otto Groth:

PRIMEIRA LEI: Quanto mais amplamente se utilize a Universalidade na matéria de um periódico, mais extensa será a difusão do mesmo, sua acessibilidade geral quanto ao número potencial de leitores; ou então, quanto mais estreito for o círculo ideal da Universalidade, mais estreito será o circuito da Difusão. Portanto, a Difusão é uma função da Universalidade. $D = f(U)$.

SEGUNDA LEI: Quanto mais Atualidade se queira dar à matéria de um periódico, mais freqüentemente deverá ser publicado (mais alta deve ser sua tiragem). Ou então, quanto menor é o espaço de tempo que medeia entre o fato e a publicação, mais curto será o período entre edições. Quanto maior for o tempo entre o acontecer e sua publicação, mais amplos serão os períodos de aparição. A Periodicidade é, pois, uma função da Atualidade. $Pe = f(A)$.

TERCEIRA LEI: Quanto mais intensa — ou extensa — seja a Acessibilidade do periódico, mais extensa — ou limitada — deve ser também determinada sua Universalidade. $U = f(D)$.

QUARTA LEI: Quanto mais curtos (ou longos) forem determinados os períodos entre duas edições de um periódico, mais freqüente aparecerá, mais atual (ou menos atual) será sua matéria. $A = f(Pe)$. Combinando a Universalidade e a Atualidade, temos as seguintes fórmulas:

QUINTA LEI: Quanto mais Universal e Atual for um periódico, mais freqüentemente deve aparecer: $Pe = f(U A)$ e maior será sua acessibilidade geral, seu público potencial: $D = f(U A)$. Resumindo ambas as fórmulas: $Pe D = f(U A)$. Também vale o contrário: $U A = f(D)$ e $U A = f(Pe D)$.

Otto Groth discute a impossibilidade desse fenômeno, regido por leis científicas, se encontrar em estado de perfeccionismo. Atribui as falhas relativas e interferências externas (como fatores psíquicos, econômicos, naturais e técnicos) por conta dos riscos das Ciências Sociais. Adota as tendências em estado de evolução e a comprovação de sua teoria na média observada do fenômeno. Não seria possível, no instante em que o pensador alemão realizou esta elaboração científica, constatar as limitações de um estudo particular do jornalismo como fenômeno social independente.

Dois estudos que traçam uma visão da pesquisa na área de comunicação de massas, vivem criticamente o problema da ausência de uma Teoria da Informação (inscrita na Comunicação de Massa): Morris Janowitz e Robert Schulze, num ensaio da revista

23

Communications, de 1961,[21] e Edgard Morin em outro ensaio mais recente.[22] E, nesses balanços, o saldo retrata os resultados dos estudos realizados especialmente nos Estados Unidos. Muito preocupados com os efeitos da tecnologia de uma rede potente de meios de comunicação, os pesquisadores norte-americanos fatalmente cairiam num quantitativismo intenso. A partir de fórmulas como a de Lasswell — QUEM DIZ O QUE A QUEM — as pesquisas iriam medir sobretudo os índices de audiência, formariam tabelas de classificação do público nos seus extratos horizontais, analisariam efeitos imediatos (como os de eleições) e, no nível da mensagem, estabeleceriam padrões de conteúdos expressos, bem como sua distribuição morfológica. Em todos os ângulos, uma simples mensuração de dado aparentes. "A acumulação de um conjunto de conhecimentos sobre comunicação de massa justifica-se pela hipótese de que a pesquisa sociológica pode contribuir muito para a utilização dos *mass media* a serviço dos interesses da sociedade", apontam Janowitz e Schulze. E esse serviço prestado aos interesses da sociedade fica muito claro no caso norte-americano, onde a pesquisa extensiva passou a ser contratada pelas grandes empresas e organismos políticos, que sentiam na informação um importante produto para manipular. Dos efeitos do rádio aos da televisão, da análise de conteúdos expressos na Imprensa à análise da indústria cinematográfica, o patrimônio da pesquisa norte-americana lidera, em quantidade, qualquer outro país. Nesse trabalho, surgem teóricos como Paul Lazarsfeld, Daniel Lerner, Leo Bogart, Susan Kingsbury, Leo Lowenthal, Robert Merton, Bernard Berelson, Wilbur Schramm, Raymond Nixon, numa rápida seleção de inúmeros nomes e pesquisas dessa natureza. Lidando diretamente com a comunicação, metendo a mão em amostras de um universo desconhecido, essa corrente de conhecimento levantou muita poeira. Hoje, quando os críticos se levantam para discutir a validade dessa fase, não podem deixar de reconhecer a etapa básica que ela representa. E os reflexos estão ainda muito presentes: uma parte da pesquisa norte-americana prolonga suas sondagens nos efeitos da comunicação, agora por meio de classificações mais requintadas, questionários e entrevistas mais elaborados, métodos estatísticos mais rigorosos; outra parte dos pesquisadores se lança numa reflexão teórica do quadro geral da comunicação de massa, especialmente de seus conteúdos. Desses últimos, saem os que estão descobrindo a dinâmica da difusão de idéias (Everett Rogers [23]) e as po-

---

21. Morris Janowitz e Robert Schulze, "Tendências da Investigação na Área das Comunicações de Massa", *in Rev. Communications*, Paris, n.º 1, 1961.

22. Edgar Morin e outros, *Cultura e Comunicação de Massa*, São Paulo, Fundação Getúlio Vargas, 1972.

23. Everett Rogers, *Modernization Among Peasants — the Impact of Communication*, Nova York, Holt, Rinehart and Winston, 1969.

tencialidades do *mass media* nos países em desenvolvimento (Schramm [24]).

Tão importante quanto os primeiros contatos quantitativos com o fenômeno geral da comunicação, foi a reação que essas pesquisas provocaram nas revisões críticas. Primeiro, a conclusão de que o público (a massa), estudado por meio de um perfil linear de aparências estatísticas, estava insuficientemente conhecido. Depois, que o outro perfil — o do comunicador — também não penetrava nem na estrutura geral da grande indústria cultural (onde as empresas de comunicação, o "quem" de Lasswell, se inserem), nem na dinâmica particular do comunicador individualizado (sobretudo quanto ao binômio criação/produção industrial e suas inferências sociais e psicológicas). E por último, a importante retomada da análise de conteúdo, um dos aspectos nevrálgicos da tradição da pesquisa. Os conteúdos expressos, a mensagem, foram analisados num espectro muito pobre. Interessa sobremaneira o caso da mensagem jornalística expressa e o método típico de análise de conteúdo tradicional formulado por Jacques Kayser.[25] A informação é classificada em setores expressos pela divisão tradicional dos próprios jornais (internacional, nacional, polícia, educação etc.); os conteúdos difusos, difíceis de se enquadrar no esquema direto, são rotulados de "diversos"; e processa-se uma mensuração (centimetragem das notícias) que vai determinar a importância das informações e sua análise teórica. Houve sempre uma preocupação conscienciosa pelo rigorismo quantitativo — pelo menos nos centros mais sérios e aparelhados de conhecimentos estatísticos. Mas a verdade é que os resultados davam um espelho muito pobre do que representa a mensagem em dada sociedade e em dado momento. "Deparamo-nos com a questão simples mas fundamental: que reflete, principalmente, o conteúdo das comunicações de massa? Reflete ele os tracos próprios do público de massa, aquilo que os agentes de comunicação acreditam ser os traços próprios do público de massa, ou simplesmente os traços próprios dos agentes e suas intenções?" A essas dúvidas, Janowitz e Schulze acrescentam: "Poderemos formular, conduzir e analisar nossa investigação de tal modo que possua significação ao mesmo tempo estatística e sociológica? É possível computar exatamente o espaço e o tempo concedido aos diferentes tipos de conteúdo, e é possível pensar em reunir índices das diferentes características do conteúdo como o equilíbrio, a qualidade, o estilo, a intensidade temática etc. Conceptualizar o que tais cômputos significam, o que eles nos infor-

---

24. Wilbur Schramm, *El Papel de la Información en el Desarrolo Nacional*, Quito, CIESPAL, 1967.
25. Jacques Kayser, *El Periodismo — Estudios de Morfologia, de Metodologia y Prensa Comparada*, Quito, CIESPAL, 1966.

mam sobre o comportamento anterior ou consecutivo e sobre os valores das pessoas, está longe de ser uma tarefa simples." A análise de conteúdo só vai se libertar das correntes quantitativistas com o estudo das mensagens subjacentes, numa linha qualitativa e vertical. Faltava, então, a aplicação da análise da Lingüística e sua evolução na Semiologia contemporânea.

(As duas contribuições teóricas tratadas nas últimas páginas tiveram uma repercussão no Brasil que merece referência. Os estudos da informação jornalística no seu nível técnico, instrumental, se desdobraram em rápidas adaptações brasileiras. Assim, nossa bibliografia técnica é, de certa forma, um débil espelho de compêndios norte-americanos, seguindo o método da descrição direta de experiências profissionais ou a reunião de algumas observações gerais sobre o fenômeno. Especialmente os cursos de Jornalismo buscaram essas posições "teóricas" ou sistematizadoras como tábua de salvação de um vazio bibliográfico. Ainda hoje, é preciso recorrer às obras únicas de Luís Beltrão, Carlos Rizzini, Danton Jobim, Joaquim Douglas, Luís Amaral, Juarez Bahia.[26] No plano teórico da pesquisa, chegou ao Brasil, via influência dos cursos do CIESPAL,[27] a corrente de análise de conteúdo quantitativista. "Dos semanas de la prensa en América Latina" — método Kayser de análise morfológica [28] — se reproduziu em trabalhos semelhantes aplicados à imprensa brasileira. O líder desse movimento foi José Marques de Melo, da Universidade de São Paulo, que publicou algumas obras teóricas remetendo os trabalhos avulsos a um quadro de pesquisa, Jornalismo Comparado.[29] Também foi ele quem lançou o primeiro livro articulando Jornalismo na Comunicação Coletiva, com alguns traços gerais do processo e levantamentos de pesquisa.[30] Mesmo os trabalhos mais recentes como os de Sérgio Micelli [31] e Ecléa Bosi,[32] com propósitos de análise qualitativa, não se envolvem com a problemática mais interna da mensagem na Sociologia da cultura de massa.)

A seguinte contribuição européia (Escola de Frankfurt), em oposição ao pragmatismo da pesquisa norte-americana centralizou-se

---

26. Autores brasileiros como Luís Beltrão, *A Imprensa Informativa*, São Paulo, Folco Masucci, 1969; Danton Jobim, *O Espírito do Jornalismo*. São Paulo, Liv. São José; Carlos Rizzini, *O Jornalismo Antes da Tipografia*, São Paulo, Nacional, 1968; Luís Amaral, *Técnica de Jornal e Periódico*, Rio, Tempo Brasileiro, 1969; Juarez Bahia, *Jornal, História e Técnica*, São Paulo, Ibrasa, 1972; Joaquim Douglas, *Técnica do Título*, Rio, Agir, 1966.

27. Cursos do CIESPAL, nota 3.

28. *Dos Semanas de la Prensa*, Quito, CIESPAL, 1967.

29. José Marques de Melo, *Estudos de Jornalismo Comparado*, São Paulo, Pioneira, 1972.

30. José Marques de Melo, *Comunicação Social: Teoria e Pesquisa*, Petrópolis, Vozes, 1971, 2.ª edição.

31. Sérgio Micelli, *A Noite da Madrinha*, São Paulo, Perspectiva, 1972.

32. Ecléa Bosi, *Cultura de Massa e Cultura Popular — Leituras Operárias*, Petrópolis, Vozes, 1972.

numa reflexão global muito ligada à teoria do conhecimento. Benjamin, Adorno e Horkheimer estão nas raízes de uma Sociologia da cultura de massa. Nela vamos, finalmente, encontrar elementos para situar a mensagem jornalística no seu quadro amplo de referência.

Adorno nos joga uma visão apocalíptica da cultura de massa e dá origem a um grupo de intelectuais que vêem, nesse monstro tecnológico, a ameaça de uma cultura autêntica, nascida ou da criação artística ou da cultura popular. "Em todos os seus ramos fazem-se, mais ou menos segundo um plano, produtos adaptados ao consumo das massas e que em grande medida determinam esse consumo."[33] Adorno vê na indústria cultural (e este conceito entra cada vez mais na pauta teórica depois dele) toda a carga negativa de uma engrenagem a serviço do sistema, impermeável a mutações dinâmicas: "A indústria cultural abusa da consideração com relação às massas para reiterar, firmar e reforçar a mentalidade destas, que toma como dada *a priori*, e imutável. É excluído tudo pelo que essa atitude poderia ser transformada. As massas não são a medida mas a ideologia da indústria cultural, ainda que esta última não possa existir sem a elas se adaptar."[34] O domínio da "racionalidade técnica", para Adorno uma outra forma de Iluminismo, é o domínio repressivo do próprio sistema social a que a indústria cultural serve.[35] "Para o consumidor, não há mais nada a classificar que o esquematismo da produção já não tenha antecipadamente classificado A atrofia da imaginação e da espontaneidade do consumidor cultural de hoje não tem necessidade de ser explicada em termos psicológicos. Os próprios produtos, desde o mais típico, o filme sonoro, paralisam aquelas faculdades pela sua própria constituição objetiva. Eles são feitos de modo que, se a sua apreensão adequada exige, por um lado, rapidez de percepção, capacidade de observação e competência específica, por outro lado, é feita de modo a vetar, de fato, a atividade mental do espectador, se ele não quiser perder os fatos que, rapidamente, se desenrolam à sua frente."[36] Adorno e Horkheimer, vivendo a fase de apogeu do cinema de Hollywood, sentem violentamente a distância de uma cultura coerente (para usar o conceito de Moles) e criadora/individualizante para a nova cultura de massa: "A indústria cultural não sublima, mas reprime e sufoca." Nem o prazer como sublimação do cotidiano eles aceitam positivamente na comunicação de massa — "O prazer da violência contra o personagem

---

33. Max Horkheimer e Theodor W. Adorno, "A Indústria Cultural", *in* Luís Costa Lima e outros, *Teoria da Cultura de Massa*, Rio, Saga, 1969, pp. 157 a 206.
34. *Idem.*
35. *Idem, ibidem.*
36. *Idem, ibidem.*

transforma-se em violência contra o espectador, o divertimento converte-se em tensão." O máximo da amargura dos autores, da frustração intelectual diante de um fenômeno impositivo: "Tudo gira em torno do coito, justamente porque este não pode acontecer." O produto cultural, nele se incluindo a mensagem jornalística, é uma arma certeira do sistema e os autores da Escola de Frankfurt não perdoam: "Quanto mais sólidas se tornam as posições da indústria cultural, tanto mais brutalmente esta pode agir sobre as necessidades dos consumidores, produzi-las, guiá-las e discipliná-las, retirar-lhes até o divertimento." Ao analisar a ideologia da cultura de massa, Adorno e Horkheimer denunciam a transposição (fotografia) da realidade em pura mentira, seu pseudo-significado não formulado explicitamente, mas sugerido e inculcado. "Na indústria cultural, o indivíduo é ilusório não só pela estandartização das técnicas de produção. Ele só é tolerado na medida em que sua identidade sem reservas com o universal permanece fora de contestação."

A posição de ataque à comunicação de massa se desenvolve também nos Estados Unidos, o país da grande tecnologia dos *media*. Dwigth MacDonald cria os neologismos *masscult* e *midcult* e desenvolve uma argumentação também de ataque à massificação. "A massicultura, um fato novo na História, é uma paródia da Alta Cultura. Esta, em nossos dias, está decadente; aquela o está de modo novo: não tem sequer a possibilidade teórica de ser boa." [37] Adorno imputava a carga negativa ao sistema que dirige ao espectador mensagens prontas e ideologicamente montadas; MacDonald descarrega-a no nível massa — a massicultura, estando sujeita ao espectador, é uma forma de publicidade que tende a vender a si própria. "A massicultura não oferece aos seus clientes nem uma catarse emocional, nem uma experiência estética (...) mas simplesmente a distração. Pode ser estimulante ou narcótico, mas deve ser de fácil assimilação." [38] A impessoalidade, a falta de critérios avaliadores e a sujeição aos espectadores são as características apontadas pelo autor como tendência da sociedade industrial, tanto nos Estados Unidos como na União Soviética, de transformar o indivíduo em *homem de massa*. E massa é conceituada nos seguintes termos: "Uma grande quantidade de pessoas incapazes de exprimir a sua qualidade humana, porque não estão ligadas umas à outras como indivíduos nem como membros de uma comunidade." [39] Numa visão bem caracterizada por saudosismo de elite intelectual, MacDonald afirma que a moralidade da sociedade de massa desce ao nível dos membros mais primitivos e o seu gosto ao nível dos menos sensíveis e mais ignorantes.

---

37. Dwight MacDonald, "Massicultura e Medicultura", *in* MacDonald e outros, *A Indústria da Cultura*, Lisboa, Meridiano, 1971, p. 69.
38. *Idem* nota 37, p. 71.

"Hoje em dia, nos Estados Unidos, as exigências do público, que um restrito número de conhecedores transformou num vasto número de ignorantes, tornaram-se os critérios primários do êxito".[40] E o saudosismo pela cultura de elite, o autor generaliza para toda a sociedade norte-americana, na medida em que cria a categoria *Midcult*. Segundo ele, na ausência de um lastro cultural (modelo europeu, naturalmente), se estabelece uma cultura intermediária entre a massicultura e a alta cultura. "Embora estando completamente sujeita ao espectador, está na posição de se fazer passar por alta cultura".[41] Para a *Midcult* passam as descobertas da vanguarda, uma espécie de teste prévio à massificação.

A polêmica levantada nessa corrente crítica vai longe. Tanto os autores que, na Sociologia da cultura de massa, salientam o direcionismo das mensagens industrializadas, quanto os que se preocupam com a formação imperiosa dessa nova camada de público, estão ao mesmo tempo, perplexos e irados. Criticam a comunicação coletiva de dedo em riste. Politicamente, os mais engajados na ação imediata, vão desenvolver pregações ou catilinárias. É freqüente, em autores norte-americanos que, não podendo mais ignorar essa visão crítica dos *media*, passam a propor soluções, medidas profiláticas, que soam um pouco falsas pela falta de conhecimento da dinâmica desse novo fenômeno. "Uma política cultural deve aumentar a qualidade e aumentar a liberdade, fornecendo maior número de escolhas. Este não pode aumentar indefinidamente, é regulado pela demanda e pelos fatores econômicos da produção" — Leo Bogard sistematiza o controle dos *mass media* e prega opções políticas:[42] "Quanto mais vasta e rica uma sociedade, maior a escolha dos *media* que ela pode oferecer. Quanto maior a diversidade e a autonomia das instituições de cultura superior e de cultura de massa, mais rica pode ser a criação." E desta posição vêm imediatamente as soluções que "aconselham" aos países em desenvolvimento — um plano deliberado onde o equilíbrio entre o nível atual do gosto do público e o nível que os *experts* desejam fazê-lo atingir deve ser regulado (provavelmente pelos "centos de *experts*"...).

A teoria dos meios de comunicação, conotada de crítica destrutiva, chega a extremos, também, em posições de autores de esquerda. O fato de poder descarregar esse pessimismo latente na massificação do sistema, em particular no capitalismo, faz com que as tintas do esquema teórico sejam carregadas demais. "O homem moderno julga

---

39. *Idem* nota 37, p. 74.
40. *Idem* nota 37, p. 86.
41. *Idem* nota 37, p. 108.
42. Leo Bogard, "O Controle dos *Mass Media*", *in* Abraham Moles e outros, *Civilização Industrial e Cultura de Massas*, Petrópolis, Vozes, 1973.

que sabe muitas coisas. Na realidade, nada sabe para além de umas quantas verdades, epidérmicas, superficiais, do mundo em que se move..." M. Vázquez Montalbán,[43] no livro *Inquérito à Informação*, constitui um exemplo dos casos de visão extrema. Para autores como esses, não sobra alternativa: a notícia é um produto comercializado e industrializado, que pode ser objeto de estudo de uma geopolítica informativa universal. Situando o domínio privado capitalista, o domínio privado comunista, o dos Estados Unidos, o anglo-americano, o domínio privado anglo-francês, o domínio privado franco-norte-americano e alguns domínios (8,3% da população mundial) sem limitações precisas, temos a história contemporânea da informação jornalística. "O poder informativo é a triste história da virgem que acabou no prostíbulo",[44] frase sintomática de uma posição teórica inflamada, revoltada. "Hoje, informar é uma complicada indústria nas mãos de complexos interesses em defensiva: econômicos, políticos, sociais, com o nexo comum da sua identificação com o sistema. (...) O resultado mais claro desta ordem de coisas é a situação indefesa do público perante a conspiração informativa e a dependência, cada vez maior, a que o sujeitam os *mass media*."[45] E o monstro cultura de massa/indústria cultural cai num beco sem saída. Os números e a realidade quantitativa são indiscutíveis, mas os teóricos recusam em bloco a validade (autenticidade) dos dados, ou seja, da simples multiplicação das mensagens.

Onde a corrente Adorno — Sociologia da cultura de massa conclusiva em seu quadro crítico negativo — deixa um vazio é na integração teórica com o próprio fenômeno, sua dinâmica interna. Todos esses autores o vêem de "cima" e, portanto, muito próximos da integração com a cultura de elite. Do tom racionalista ao tom político, a crítica aflora um certo menosprezo pela massa, seja por ser dirigida cegamente, seja por sua ignorância ou incapacidade criativa e decisória. Os estudos da cultura de massa, por dentro, não se configuram a não ser nos traços negativos (ou considerados negativos pelos teóricos). As pesquisas diretas (contribuição clássica norte-americana), pela feição quantitativista, servem muitas vezes para completar o quadro pessimista: uma audiência primária que reage primariamente, onde determinados efeitos são previsíveis por técnicas estatísticas. A análise qualitativa foi muito lentamente desmistificando alguns dos pressupostos e talvez apenas tenha sacudido a força da corrente crítica do pessimismo latente contra a cultura de massa. A verdade é que, hoje, começa a se delinear uma nova Sociologia da indústria cultural, muito preocupada em reestudar o

---

43. *Idem* nota 1.
44. *Idem* nota 1.
45. *Idem* nota 1.

fenômeno e *compreender* sua dinâmica a partir dela própria e não de um esquema racional de paraíso perdido (o elitismo intelectual).

Ja na geração Frankfurt, pressente-se o desmembramento de duas correntes: Adorno, Horkheimer e depois Marcuse; Benjamin e atualmente Enzensberger. Benjamin está muito ligado à visão Adorno, mas se diferencia no sentido de perceber certas características da cultura de massa que o deixam, pelo menos, perplexo e interrogativo. Não mais o tom da condenação sumária, mas um levantamento contraditório de traços que, se apresentam vestígios de decadência da cultura individualizada das elites em sociedades pré-industrializadas, mostram novas fontes de dinâmica social. "Encontramos hoje, nas massas, duas tendências de igual força: elas exigem, por um lado, que as coisas se lhes tornem especial e humanamente mais próximas e tendem, por outro lado, a acolher as reproduções, a depreciar o caráter daquilo que só é dado uma vez. A cada dia que passa, mais se impõe a necessidade de se apoderar do objeto do modo mais próximo possível em sua imagem, porém ainda mais em sua cópia, em sua reprodução".[45] O clássico tabu da "kitschização" da obra de arte (e, por extensão, de qualquer conhecimento criativo em relação à realidade) pela comunicação coletiva é motivo central de análise de Benjamin: "A reprodução do objeto, tal como é fornecida pelo jornal ilustrado ou pelo semanário, é incontestavelmente muito diversa de uma simples imagem. A imagem associa tão estreitamente as duas características da obra de arte, sua unicidade e sua duração, quanto a fotografia associa duas características opostas: as de uma realidade fugidia, mas que se pode reproduzir indefinidamente. Despojar o objeto de seu véu, destruir sua aura, eis um sintoma que logo assinala a presença de uma percepção tão atenta ao que se repete identicamente no mundo que, graças à reprodução, ela chega a estandartizar o que não existe mais de uma vez. Afirma-se, assim, no domínio intuitivo, um fenômeno análogo àquele que, no plano da teoria, é representado pela crescente importância da estatística. (...) A adequação da realidade às massas, bem como a conexa adequação das massas à realidade, constituem um processo de eficácia ilimitada, tanto para o pensamento quanto para a intuição."[47] O autor constata a importância do novo fenômeno e isso já é muito para uma geração que só via fantasmas intelectuais, políticos, psicológicos e morais na cultura da massificação. São fragmentos da realidade global que os críticos pessimistas extraem para atacar, como neste trecho de Lazarsfeld: "Ele (o consumidor) interessa-se. Ele está informado. E

---

46. W. Benjamin, "A Obra de Arte na Época de sua Reprodutibilidade Técnica", *in* Luís Costa Lima e outros, *Teoria da Cultura de Massa*, Saga, 1969.

47. *Idem* nota 46, p. 213.

tem toda a espécie de idéias sobre o que se deveria fazer. Mas, terminada a cena, ouvido o programa radiofônico preferido e lido o jornal da tarde, é realmente hora de ir para a cama."[48] E esta posição foi levada às últimas conseqüências pelo próprio MacLuhan.[49] Ora, no meio de todas essas generalizações precipitadas, contemporâneas ou posteriores, Benjamin se mantém atento ao fenômeno desconhecido.

Hans Magnus Enzensberger, fruto também da Escola de Frankfurt, continua o roteiro de Benjamin e se apresenta hoje, em obras recentes,[50] como um crítico aberto, propondo uma teoria dos meios de comunicação massiva. "A visão espectral que George Orwell tinha de uma indústria monolítica da consciência, é prova de sua compreensão adialética dos meios. A possibilidade de um controle total de tais sistemas por uma autoridade central, não é algo pertencente ao futuro, mas ao passado."[51] Da encruzilhada já tradicional dos teóricos entre o direcionismo do comunicador & passividade do receptor (por falta de *feedback*, entre outras coisas) ou a imposição de um gosto massificado de baixo nível nos conteúdos da indústria cultural, ele encontra a relação dialética dos dois pólos. E dá exemplos históricos dessa permeabilidade e interação do processo: os ataques da administração Nixon aos meios capitalistas dos Estados Unidos revelam que o fato da informação transmitida por tais meios, e por parcial e distorcida que seja, se converteu num fator mobilizador decisivo contra a guerra no Vietnã. Enzensberger vê nessa dialética toda a importância da tecnologia da reprodução (produção em série) da informação — "(...) uma rede de comunicações ou de distribuição, tão-logo sobrepasse certa magnitude crítica, já não pode estar sujeita a um controle centralizado, senão unicamente pode ser calculada de forma estatística".[52] Neste sentido, a indústria das consciências (rótulo que propõe para substituir indústria cultural)[53] é extremamente ambivalente, fato ignorado pela corrente dos pessimistas. "A ambigüidade inerente a esta indústria consiste em que previamente tem que conceder a seus consumidores aquilo que lhes quer arrebatar."[54] Antes de partir para sua

---

48. Paul Lazarsfeld e Robert Merton, "Comunicação de Massa, Gosto Popular e Ação Organizada", *in* obra citada na nota 37, p. 245.

49. Marshall MacLuhan, *The Medium is the Massage*, Nova York, Bantam Books, 1966.

50. Hans Magnus Enzensberger, *Detalles*, Barcelona, Anagrama, 1969; e *Elementos para una Teoría de los Medios de Comunicación*, Barcelona, Anagrama, 1972.

51. *Idem* nota 50, segunda obra, p. 14.

52. *Idem* nota 50, segunda obra.

53. *Idem* nota 50, segunda obra.

54. *Idem* nota 50, primeira obra, p. 16.

proposta de ação política, preocupado que está com a manipulação das consciências, Enzensberger deixa bem claras as brechas da realidade de um fenômeno que não é, nas palavras já citadas, "monolítico". "O estado de exceção constitui a única alternativa à permeabilidade da indústria da consciência. Sem embargo, não se pode manter indefinidamente. Está claro que as sociedades de avançada industrialização dependem de um livre intercâmbio de informação; para tanto, as 'pressões' objetivas a que continuamente apelam seus controladores, se volvem contra eles próprios." [55] A contribuição do autor, ao detectar a dialética dos pólos em conflito numa teoria da cultura de massa, se confirma na caracterização clara que faz da mesma — "Os novos meios estão orientados para a ação, não para a contemplação; para o presente, não para a tradição. Sua atitude em relação ao tempo é completamente oposta à representada pela cultura burguesa, a qual aspira à posse, isto é, à duração e, preferentemente, à eternidade. Os meios não produzem objetos armazenáveis e sustentáveis. Acabam por completo com a propriedade intelectual e liquidam com a herança, quer dizer, a transmissão imaterial, específica da classe." [56]

Entramos, aos poucos, em plena compreensão das diferentes manifestações culturais. Um dos maiores problemas que sempre tranca no julgamento crítico dos teóricos é o do papel dos criadores na cultura de massa. Como escreve Edgar Morin,[57] "havia um ponto comum à sociologia norte-americana e à da Escola de Frankfurt: considerava-se a cultura dos meios de comunicação de massa como uma cultura puramente industrializada, onde o papel dos criadores (artistas e intelectuais) tendia a desaparecer. A função do artista, do escritor, do filósofo situa-se no seio da operação conflitual e competitiva que pode ser designada como dialética da produção, da criação, do consumo". Então o teórico francês penetra um pouco mais na caracterização do novo fenômeno, *entendendo* sua base de indústria cultural, fundada na *rentabilidade* e na *estandartização*, seja ela propriedade privada ou estatal. Mas, por se tratar de um produto cultural, o resultado dessa indústria não chega à estandartização absoluta. A dinâmica que lhe é peculiar inclui o novo, o original: uma produção que não pode dispensar a criação. "Estabelece-se um laço, ao mesmo tempo cooperativo e conflitual entre o sistema de produção e o meio artístico criador." [58] A faixa de "alta cultura" se rende (diriam os pessimistas) ou se incorpora à cultura de massa e suas criações entram no ciclo repro-

---

55. *Idem* nota 50, segunda obra, p. 15.
56. *Idem* nota 50, segunda obra, p. 28.
57. *Idem* nota 22, p. 21.
58. *Idem* nota 22, p. 22.

dutivo de grande escala, fora do controle de seu autor individualizado. Subsistem níveis culturais clássicos como o da elite intelectual, cultura popular, cultura de grupos específicos, mas "desabrocha uma cultura particular, a partir de uma situação de mercado e por seu intermédio: a cultura de massa". E esse mercado cultural, diz Morin, não pode ser definido a partir da fórmula de Marx — o produtor cria o consumidor. "O criador deve emprestar ao produto cultural seu caráter original, individual, que o distingue dos outros e, em certo sentido, também sua *informação* (a informação de uma mensagem considerada como seqüência de elementos isoláveis enunciados é a quantidade de originalidade que fornece ao receptor), ao mesmo tempo que, do ponto de vista estético, sua redundância (ou seja, o arranjo dos elementos em excesso que permitem a comunicação da informação)."[59] Nesse momento, Morin, ao analisar a interação do novo e da fórmula repetitiva do consumo (ou melhor, a renovação/criação/revolução e a conservação a serviço do sistema), já introduz conceitos de uma nova ciência, a Cibernética. Alguns críticos apontam nesta uma carga ideológica que a leva a explicar cientificamente certos dados negativos da indústria cultural. De qualquer forma, o conceito de informação e seu valor ligado ao inesperado, ao imprevisível, ao original como Abraham Moles define,[60] precisa ser considerado. Exatamente esse autor consegue incorporar à sua visão crítica da cultura de massa os conhecimentos não só da Teoria da Informação como do estruturalismo de Lévy-Strauss (passando pela Lingüística). O que o leva a propor uma sociodinâmica da cultura de massa.

Quando Moles divide a cultura antiga e a nova cultura, já está introduzindo toda uma aproximação à cultura de massa que nos interessa. A *cultura antiga*, para o autor, conduz à idéia de uma pirâmide cultural e encontra, teoricamente, sua fonte primordial na educação. A *nova cultura*, que Moles chama de *mosaico* em oposição à anterior (coerente), é formada por duas camadas: a alimentada pelos *mass media*, "fluxo contínuo de mensagens de toda espécie, de todos os sentidos, mas dirigindo sem esforço e sem duração fragmentos de conhecimentos disparatados, perpetuamente submetidos ao esquecimento" (o que Lévy-Strauss chama de *culturemas*). A outra constituída pela sociedade intelectual dos criadores, "absorve os elementos que lhe são propostos para fazer uma série de outras mensagens que vão ser difundidas pelos *mass media*"[61] (no fluxo dos culturemas). Moles esta-

---

59. *Idem* nota 22, p. 22.
60. Abraham Moles, *Teoria da Informação e Percepção Estética*, Rio, Tempo Brasileiro, 1969, p. 36.

belece o fluxo dinâmico das duas camadas na passagem sucessiva do microambiente criador para o macroambiente da cultura de massa. Os estágios se completam sucessivamente: a função criadora no microambiente especializado passa para a camada social autônoma com órgãos de microdifusão, que a seguir os *mass media* irradiam, fabricando de modo industrial, num sistema baseado no lucro, um grande número de mensagens culturais, e os criadores se sensibilizam e reagem — recebem da sociedades "vetores latentes" da cultura que vão traduzir freqüentemente de modo consciente em suas obras. E o teórico situa sua doutrina sociodinâmica num realismo que se opõe a outras fontes de crítica à cultura de massa, como a que demagogicamente só acredita nos meios e deixa os conteúdos de lado, a dogmática que pretende selecionar conteúdos para passar aos espectadores ou a culturalista que defende o valor absoluto de uma adequação do homem ao meio ambiente, num espelho cultural.

As conclusões da posição sociodinâmica de Moles vão se ampliar num autor belga, Jean Lohisse, cuja tese de doutoramento recentemente conceituou a cultura de massa na obra *La Communication Anonyme* (1969).[62] Lohisse tem o cuidado de reexaminar todos os conceitos manipulados pelas análises teóricas da cultura de massa. O primeiro motivo de seu trabalho é situar massa em relação a público, os conceitos de social e coletivo, público e multidão. Desde aí se posiciona no âmbito próprio da massa e do coletivo como fenômenos que só têm existência numa sociedade pós-industrialização. Vinculada a um processo histórico contemporâneo, se justifica que a dinâmica particular da massa não seja claramente discutida. É o que o autor se propõe.

"A sociedade tradicional é caracterizada por um pequeno número de seus membros, a fraca diferenciação de papéis (exceto no que concerne a idade e sexo), o caráter global e pessoal das relações entre os indivíduos, a pressão do grupo, a importância da tradição. Os problemas ficam sempre nos limites da experiência de cada um e as trocas se fazem de pessoa a pessoa".[63] A essa sociedade tradicional, Jean Lohisse contrapõe a sociedade industrial com outras características: enorme densidade humana; diferenciação acentuada; relações fragmentárias e funcionais entre os indivíduos que comu-

---

61. Abraham Moles, "Sociodinâmica e Política do Equipamento Cultural na Sociedade Urbana", *in* Moles e outros, *Civilização Industrial e Cultura de Massa*, Petrópolis, Vozes, 1973, pp. 32-33.
62. Jean Lohisse, *Communication Anonyme*, Paris, Éditions Universitaires, 1969.
63. *Idem* nota 62, p. 27.

nicam seus papéis especializados e não mais na qualidade de pessoas; movimento de democratização política e filosófica — tônica sobre o conjunto de homens e a tomada de consciência de uma responsabilidade comum. Neste quadro geral, Lohisse passa a estudar a posição do indivíduo-massa, devidamente inserido numa sociedade pós-industrialização. "O indivíduo se encontra então na situação de dever opinar isoladamente, sem a sustentação de um grupo que seria o seu, sem dados e sem guias". Num contexto de diferenciação e de relações funcionais, o indivíduo perde aquela força do grupo primário e do grupo secundário, para se sustentar no isolamento físico (geográfico e social). Aquela velha idéia de que o homem nesse tipo de sociedade nunca esteve tão perto e tão longe dos outros homens. E esses indivíduos distanciados de fato e aproximados pelos recursos tecnológicos da comunicação passam a ter um comportamento de *linhas convergentes* (conceito de Lohisse). "As idéias, os acontecimentos, os objetos que polarizam a atenção dos indivíduos formando a massa são de qualquer maneira exteriores aos grupos locais e à sua cultura particular".[64] É muito importante a oposição existencial do indivíduo na sociedade tradicional — *quem sou?* — para o indivíduo-massa — *sou como os outros*. Essa chave do trabalho do autor belga remete para uma psicologia social da cultura de massa, ainda por desenvolver. Riesman, em *Multidão Solitária*,[65] se refere a esses dados na sua classificação de introdeterminados e extrodeterminados. Lohisse pretende explicar o vazio que fica (em Riesman) entre a disponibilidade e a mobilização efetiva da extrodeterminação na sociedade pós-industrializada. O indivíduo, consciente de sua posição isolada e ao mesmo tempo integrada num todo como a massa, liberta sua atomização e sua inquietude solitária num impulso de *ser como os outros*. Uma espécie de realização nova, dinâmica, evidentemente não aceita pelos críticos da massificação. A sociedade de massa aparece assim como "um sistema social no qual a separação tradicional entre elite, não-elite, governantes e governados, não só no plano político, mas também no plano moral e cultural, tende a desaparecer, ou de elites de um novo tipo, sempre novas, que emergem da massa, segundo sua própria dinâmica".[66] Os valores se configuram em comportamentos que tendem a ser homogêneos, uniformes, nivelados, cambiantes, fluidos, inconstantes. São as últimas três características que equilibram essa dinâmica, já que fogem do controle dos manipuladores da indústria cultural, temperando o *establishment*. (Um exemplo que logo surge ao autor é o caso do cinema comercial.)

---

64. *Idem* nota 62, p. 56.
65. David Riesman, *A Multidão Solitária: Um Estudo da Mudança do Caráter Norte-Americano*, São Paulo, Perspectiva, 1971.
66. *Idem* nota 62, p. 27.

Preocupado também com a velha questão de cultura autêntica e cultura espúria,[67] Jean Lohisse faz uma diferenciação clara entre *cultura popular* e *cultura de massa*. A característica mais clara de oposição é que na primeira se destaca uma ação una e unificadora, sem meios de vencer a distância e o tempo; na segunda, a comunicação instantânea e planetária vence o espaço e o tempo e se estabelece com outra característica própria, o *retorno indireto*. Outros dados que particularizam a cultura popular: visão social maniqueísta, naturalismo antropomórfico, orientação para a evasão, sobrenatural, maravilhoso ateu ou cristão, estilo burlesco. Aparentemente, certos elementos parecem coincidir com a cultura de massa, mas na análise dos conteúdos pode-se situar diferenças fundamentais, conforme a obra de Lohisse.

A tendência marcante da comunicação de massa em desenvolver as mensagens, não no universo particular que cada um tem, mas no que cada um tem a ver com outros homens, leva à interação produção/criação que Morin discute. E ao que Lohisse conceitua como "criação anônima", ou seja o universo de símbolos comuns. No processo de sua formação, o autor classifica três forças agentes: os *arquétipos*, fatores biogenéticos, elementos sociogenéticos ou mitos que por serem universais entram no coletivo (é o antropos universal); os *osmotipos* que procedem da corrente da relação cultural, contatos, convergências de valores, ritos, símbolos, formas, estilos e conteúdos das sociedades, grupos e culturas particulares; e os *lidertipos*, desencadeados dos centros industrialmente mais equipados, com maiores recursos financeiros e políticos, ou então, segregações próprias de um determinado contexto em reação a novas situações. Não há, pois, possibilidade de um sistema fechado, de um conformismo (servilismo) padronizado numa cultura com essas componentes dinâmicas que se interagem. O lamento do desgaste da alta cultura para Adorno, a crítica da efemeridade e vulgaridade da fabricação do produto cultural para Friedmann não passam de visões "contaminadas" da cultura de massa. "Os críticos — diz Lohisse — não são capazes de ver que os conteúdos, aparentemente insignificantes, são capazes de assegurar a difusão de informações, de suscitar curiosidades, alargar horizontes."

Não partidário de um fanatismo teórico, Lohisse analisa a cultura de massa num quadro de vários níveis, complexo como a própria sociedade pós-industrialização. Numa aproximação realista, identifica que o *nível-massa*, embora típico dessa sociedade, não elimina a presença de outros níveis como o *pessoal* e o *grupal*. Apenas o nível-

---

67. E. Sapir, "Cultura Autêntica e Cultura Espúria", *in Comunicação, Linguagem e Cultura*, São Paulo, ECA/USP, 1971.

-massa está apoiado num processo histórico que o gerou. Prova disso é toda a aparelhagem técnica que o sustenta. Nesse sentido os *media* se identificam totalmente com a industrialização e servem à dinâmica massiva. O autor não perde de vista as técnicas que se complementam nesse propósito: o jornalismo, o cinema, a publicidade, a editoração. E sua análise se detém naquilo que chama *conteúdos comuns* da comunicação anônima. "Marginais, novos, liberantes, os conteúdos comuns à audiência global dos *mass media* fogem intensamente às pressões de diferentes grupos. Da mesma forma, as audiências fogem à influência dos líderes de opinião (pai de família, cura, prefeito etc.)".[68] A universalidade dos conteúdos e seleções dos mesmos por intermédio de pulsações à margem do consciente e do inconsciente é a própria força do dinamismo da massa. O que Park chamaria "excitação social": "Parece provável que essa difusa excitação social, imprescindível à existência do rebanho como unidade social, sirva também para facilitar a comunicação da notícia, ou o que, no rebanho, lhe corresponde. A excitação social difusa tende a envolver, como atmosfera, quantos participam da vida comum e dar direção e tendência aos seus interesses e atitudes".[69]

Na rubrica *fatos diversos*, que as pesquisas de análise de conteúdo quantitativas rotulam, estaria, segundo Lohisse, o forte dos conteúdos comuns da cultura de massa. É aí que se foge de uma conceituação de informação referenciada imediatamente ao fato real (num esquema clássico de objetividade), mas se encontra a fusão homogeneizada do *sonho* e da *realidade*. Parece ser essa a base de uma temática própria à criação anônima. Misturam-se em doses equilibradas, dialeticamente, o imaginário tingido de aparências de realidade e a realidade ornada de elementos imaginários. Da mesma forma, outra relação dialética entre o momento (absoluta atualidade) e o eterno humano (atemporalidade da criação de elite). Os valores veiculados são identificáveis em qualquer conjunto de mensagens, não importa país ou cidade, desde que faça parte do contexto/industrialização: o bem-estar com lições de *savoir-vivre* (saúde, cozinha, móveis); o conceito de felicidade ligado à juventude, beleza, amor pessoal vivido, consumido e sem cessar consumível; valores femininos & valores masculinos — sentimento, emoção, paixão & poder, aventura, sensação. "Numa dialética que convida a viver perigosamente, mas por procuração, graças aos heróis e acontecimentos, reais e imaginários, tentando viver verdadeiramente, no nível do cotidiano visceral ou do possível, sonho-realidade é entrevisto nos *mass media*".[70] Sempre num processo dinâmico, a análise do autor

---

68. *Idem* nota 62, p. 89.
69. *Idem* nota 15, p. 182.
70. *Idem* nota 62, p. 124.

joga com elementos opostos que se articulam como distração/informação, imaginário/real, que têm como apoio uma aspiração comum dos indivíduos-massa *que querem ser como os outros*. É importante salientar que o imaginário da cultura de massa não é mais o mágico de outras culturas. Passando pela ambivalência *informação romanceada*, diz Lohisse, o real invade os domínios reservados ao sonho onde a matéria (*décor*, intriga, situação, ator) torna-se plausível, possível, contemporânea. O maravilhoso é domesticado.

A codificação das mensagens segue padrões de fabricação, mas Lohisse enfatiza a regulação da demanda. Examinando livro, filme, jornal, programa de rádio e televisão, peça publicitária, há diferentes gradações da influência oferta & demanda. Mas em todos eles, o comunicador *precisa* sintonizar as aspirações anônimas e o tem feito, ainda que intuitivamente. Mesmo nos padrões de fabricação (produção das mensagens), a inovação é necessária ao processo industrial. A monotonia da repetição tende a destruir a rentabilidade. Entra então a questão levantada por Morin da relação produção-criação.

Onde a contribuição de Jean Lohisse se transforma de descrição do fenômeno em compreensão de seu papel histórico é na reabilitação da mensagem-consumo da cultura de massa. O problema da disfunção narcotizante, alienação ou evasão da realidade, em que os críticos inflamados jogam pedras, ressurge em outra perspectiva nesse autor. "Lugares de evasão, os conteúdos tornam-se paradoxalmente modelos de bem-estar e amor. Os heróis superiores dão lugar às estrelas acessíveis pelo menos em aparência. O sonho torna-se informação, raramente fantástico, na medida do impossível. (Exemplo disso é o erotismo sábio, calculado, limitado, vigilante e não delirante.)" [71] As imagens do real que a cultura de massa apresenta, somadas às informações de nível pessoal e de nível grupal, são traduzidas em possibilidade e projetos históricos. (O que leva certos teóricos a um mecanismo de regulamento dessa dinâmica nos países em desenvolvimento.)

Jean Lohisse não julga, abre questões. Mas numa análise mais interpretativa do que avaliadora, mostra funções da comunicação anônima, funções que devem arrepiar os pessimistas da massificação. Primeiro, a comunicação anônima tem, indiscutivelmente, uma função subjacente ao fenômeno comunicacional global; depois, serve à manutenção dos sistemas sociais pós-industrialização, na fragmentação, no imbricamento de símbolos comuns; em terceiro lugar, tem um papel na evolução do processo porque difunde informações e generaliza uma situação que, na sociedade tradicional, fica isolada ao âmbito de elites; por último, sua função revolucionária está

---

71. *Idem* nota 62, p. 173.

associada à perturbação que desencadeia no patrimônio dos valores particulares.

De tudo que foi levantado, ficam alguns pontos de referência da mensagem jornalística. Vista no complexo da comunicação de massa, é realmente um dos produtos de consumo da indústria cultural. Mas não um produto só revestido de conotações negativas associadas à crítica do sistema pós-industrialização. Um produto dinâmico pelo ângulo da oferta e da demanda. Um produto típico das sociedades urbanas e industrializadas, reproduzido em grande escala, fabricado para atingir a massa. Nesse sentido, a informação jornalística, como a informação publicitária, a informação editorial ou a informação em relações públicas é conseqüência natural de uma órbita que ultrapassa fronteiras nacionais como a própria industrialização. Para isso conta com os recursos tecnológicos que venceram o tempo e o espaço. Regulado por uma nova demanda, o nível-massa se apresenta aparentemente como uma mensagem estereotipada de produção em série. O que não se confirma num estudo mais profundo do fenômeno cultural. Na realidade, o nível-massa é permeável a uma renovação, é permeável a transformações, é permeável à expansão de informações que se referenciam à realidade. O sonho, a distração ou a alienação, tão imputados a essa mensagem, estão entrelaçados com a informação, e a camada mais intelectualizada dessa massa encontra elementos de realidade junto do revestimento descomprometido, da embalagem colorida para atrair o consumidor. Mensagem-consumo ou interação social? É difícil desvincular uma da outra porque os dois pólos são dinamicamente articulados num sistema "mosaico" e não "coerente" com a alta cultura clássica. Enquanto toda a aparência é de uma mensagem a serviço do *status*, conformista e anti-revolucionária, como afirma Lohisse, está na realidade provocando a grande revolução dos valores particulares e elitistas para a supremacia dos valores-massa. Enquanto envia inúmeras mensagens pseudo-relatos da realidade ou informações minadas de ideologia, no bojo vão dados da realidade que antes ficavam limitados ao saber dos sábios. E, nesse jogo dialético, ninguém fica expulso: a massa estimula uma demanda difusa mas penetrante e a produção integra os móveis econômicos (como investimento industrial) e os "criadores" do microambiente intelectual, como classifica Moles. Por que julgar negativamente e recusar em bloco a cultura de massa? Por que permanecer no saudosismo de uma elaboração elitista das mensagens do conhecimento? Por que atribuir à massa uma sacrossanta ignorância e inconseqüência nas suas preferências ou ainda uma passividade de rebanho conduzido? Por que bater no peito pela absoluta objetividade das informações veiculadas? Nada mais que bandeiras ultrapassadas por um conhecimento mais aproximado da comunicação anônima.

40

3. Informação Jornalística e Desenvolvimento

Se a estrutura da mensagem jornalística pode ser compreendida no grande quadro de referência de uma Sociologia da cultura de massa nas sociedades pós-industrialização, nos países em desenvolvimento ou subdesenvolvidos os dados voltam a se confundir. A informação jornalística, como as demais formas de informação da indústria cultural, está perfeitamente identificada com a sociedade urbanizada e eis o primeiro problema — o Brasil, como os demais países latino-americanos, apresenta uma realidade que está longe de ser pós-industrialização. Todo o esquema de análise dessa mensagem se apóia em centros mundiais de desenvolvimento. Como enquadrar essa teoria nas situações em que ao lado de pequenas ilhas, onde a comunicação de massa está em plena promoção, há inúmeras regiões e comunidades onde predomina a incomunicação ou marginalidade da comunicação coletiva no sentido de recursos tecnológicos, econômicos e sociais?

Já se constata um movimento latino-americano com essas preocupações. Caso típico é o Centro Internacional de Estudos Superiores de Jornalismo (CIESPAL) em Quito, Equador, que, em cursos anuais e em outros encontros está despertando os comunicadores para uma posição teórica específica da realidade latino-americana. Apoiado em certas reflexões de Joffre Dumazedier quanto à estrutura da comunicação coletiva, Marco Ordoñez repensa o esquema em termos de Terceiro Mundo. Assim as três estruturas básicas — sistemas institucionalizados de inovação, pesquisa ou criação, os sistemas de decisão e os sistemas de educação e informação coletiva — só funcionariam nos grandes núcleos de desenvolvimento. "Infelizmente, o modelo pode ser válido, exclusivamente, para as sociedades denominadas industriais ou com mais adequação à realidade, para os países colonialistas ou centros internacionais de decisão".[72] Para nós, conclui Ordoñez, só nos resta receber por via indireta a ação dessas estruturas: "O grau de dependência chegou a tais extremos, que as sociedades de economia primária se converteram em simples consumidores de criações ou invenções das sociedades industrializadas das quais são dependentes, pagando por isso altos custos econômicos e sociais." Marco Ordoñez traça um quadro pessimista em todos os sentidos. O fato de dispormos, em alguns centros urbanos importantes da América Latina, de grandes equipamentos de transmissão via satélite, de televisão em branco e preto e em cor, de bem acabados sistemas de radiodifusão, não quer dizer que os problemas estejam superados.

---

72. Marco Ordoñez, "Problemas Estructurales de la Comunicación Colectiva", *in* Gonzalo Córdoba e outros, obra com o mesmo título, San José, CEDAL, 1972, p. 36.

"Neste caso, o problema da comunicação não é de meios técnicos, estes existem e com fartura. O problema verdadeiro radica em quem os manipula, sob que sistema estão operando, quais são os conteúdos das mensagens que emitem, quais são seus objetivos e seus propósitos".[73] Parece que caímos novamente naquela análise "adorniana" e naquela forma de ver a indústria cultural apenas pela sua aparência soturna: "As estruturas de informação coletiva podem servir muito escassamente à sociedade, dentro do progresso cultural. Visto dessa forma, não resulta insólito que a maior parte do tempo e do espaço sejam utilizados por meios de comunicação coletiva em programas de entretenimento." [74]

A linha do CIESPAL se confirma em Mattelart (Chile), Pascuali (Venezuela), Antonio García (Colômbia) e Juan Verga (Argentina). Este último coloca um dado muito conveniente: "(...) nos países desenvolvidos não há diferenças entre as cidades e os povoados quanto ao *conhecimento de notícias*, enquanto nos países em desenvolvimento onde a economia e as comunicações, se diz, estão menos desenvolvidas, há uma diferença considerável." [75] É neste desnível que precisamos insistir, porque não se trata de um desnível linear, simplista. O fato de existir uma superposição de planos históricos, econômicos e culturais complica bem a análise. Temos, ao mesmo tempo, centros urbanizados em fase violenta de industrialização (caso de São Paulo, no Brasil) e a 40 quilômetros de distância (também em São Paulo) uma comunidade rural onde não passou ainda a eletricidade. Entre um e outro, em termos de comunicação, temos duas realidades superpostas no mesmo espaço geográfico. No caso do centro urbano, industrializado, por se tratar de um país em desenvolvimento, pode se acentuar a dependência político-econômica, mas, por outro lado, no fenômeno geral de comunicação de massa (que ultrapassa fronteiras nacionais) a análise oferece constantes mais universais. O esquema de Lohisse dos arquétipos, osmotipos, e lidertipos, como elementos da dinâmica dos conteúdos massivos, é tão válido para Paris como para São Paulo.

É possível, pois, tomar o fenômeno cultura de massa, plenamente expandido nos grandes centros industrializados e manifesto em ilhas de industrialização na América Latina, e analisar com instrumentos semelhantes de avaliação crítica. Fica um tanto temerário identificar certos conteúdos ditos alienantes (os chamados conteúdos comuns de Lohisse) com a situação dos países dependentes. Para isso, precisamos ignorar que os sintomas são os mesmos

---

73. *Idem* nota 72, p. 39.
74. *Idem* nota 72, p. 41.
75. Juan Verga, *Problemas Estructurales de la Comunicación Colectiva*, *idem* nota 72, p. 55.

na grande imprensa mundial, não é "privilégio" do Terceiro Mundo. A análise semiológica que Juan Verga faz de jornais argentinos,[75] atacando o *pseudo-relato* como fuga ideológida de uma realidade, pode ser achada em Enzensberger quanto a jornais alemães [77] ou em Jean Lohisse em casos belgas [78] ou em Roland Barthes na imprensa francesa.[79] E a conclusão de Verga nega saídas para a cultura de massa: "Uma linguagem desse tipo (refere-se à linguagem de notícias) que pode estar em gérmen e aparecer aqui e ali em forma contraditória em algumas das diferentes expressões da comunicação coletiva parece que é o mecanismo ideológico por excelência do modo de ser da *sociedade instalada*, como linguagem de uma classe social que já não necessita defender um discurso — talvez porque não o possa — e que só aspira a absorver significações da propensão manifesta à mudança, por um mecanismo que conserve as ideologias como estão ao mesmo tempo em que torne ficção as práticas semióticas de todo o mundo."[80]

Filiada a um ânimo político de reação aos esquemas de dependência, esta corrente de pensamento latino-americano se apaixona pelas armas em riste. Como disse antes, muito semelhante à crítica clássica da cultura de massa, liderada por Adorno. Na verdade, se compreendemos a dinâmica própria dessa cultura, as perspectivas mudam um pouco. Nos grandes centros urbanos, e os da América Latina *também*, precisamos encarar o fenômeno na sua dialética. Por isso mesmo ao estudar a mensagem jornalística brasileira, São Paulo e Rio de Janeiro são os focos de atenção paralelos aos focos de empresas jornalísticas de outras metrópoles mundiais. Com isso, não abandonamos a perspectiva de desenvolvimento, porque outras duas questões se colocam: a realidade que, até mesmo nos centros urbanos como Rio e São Paulo, foge à comunicação e cultura de massa; e a ação programada de sistemas políticos de comunicação a serviço do desenvolvimento.

Ao abordar a mensagem jornalística identificada como centro urbano e industrialização, não fica de lado a mensagem nas comunidades que estão fora desse contexto. Com o fim de acompanhar a comunicação e a incomunicação (no sentido do nível-massa, é claro, porque antropologicamente incomunicação é um conceito artificial), paralelamente a este estudo desenvolve-se outra pesquisa numa comu-

---

76. Revista *Primeira Plana*, análise de Juan Verga.
77. *Idem* nota 50, primeira obra, o jornal alemão *Frankfurter Algemeine Zeitung.*
78. Análise dos conteúdos comuns em Jean Lohisse, nota 62.
79. Roland Barthes, *Mitologias*, São Paulo, Difusão Européia do Livro, 1972.
80. *Idem* nota 75, p. 60.

nidade não eletrificada, onde não chegou nem jornal, nem televisão, nem cinema, nem livro — apenas o rádio representa aí os meios de comunicação massiva. Uma comunidade rural que ainda não foi atingida pelo consumo. Parece extremamente importante estudar esses dois pólos superpostos, realidade típica das sociedades latino-americanas. Parece também evidente que só depois de estudos em profundidade, descritivos e interpretativos, é que poderemos nos pronunciar quanto à outra questão, a estratégia de uma política desenvolvimentista pelos meios de comunicação. O que se fala desse assunto, na América Latina, provém de soluções pré-fabricadas nos grandes centros desenvolvidos. Daniel Lerner, Everett Rogers, Leo Bogard e muitos outros (inclusive Abraham Moles) pregam esquemas de controle dos meios a serviço de uma "evolução positiva", esquemas esses que rescendem a *lidertipos*. Quando Daniel Lerner insiste num mecanismo regulador entre as aspirações crescentes que os conteúdos de cultura de massa irradiam e a frustração que provocam porque a estrutura econômico-social não pode realizar o prometido, a coisa se parece muito com um sistema de anticoncepcionais exportado para os subdesenvolvidos.

Qualquer proposta de estratégia comunicacional deve partir de pesquisa sistemática da realidade. No campo dos estudos descritivos e interpretativos ainda podemos nos valer de recursos científicos (métodos e esquemas de análise) já elaborados, sobretudo os de cultura de massa que não estão sujeitos a contextos particulares ou regionais. Mas no que se refere a pesquisa de comunidades, grupos e regiões, só o conhecimento local desses níveis pode fazer surgir uma proposta de desenvolvimento. Principalmente porque os principais agentes dessa mudança deverão ser os próprios protagonistas da ação e não os comunicadores, agentes externos que impõem as soluções. Essa atitude por último referida está seguidamente presente no extensionismo rural. Aliás, esse problema já tem sido pensado e criticado pelos teóricos de comunicação e sociologia. As tentativas de levar a mensagem urbana "desenvolvida" ao campo são exemplos típicos: "A mensagem é cifrada e constitui um código incompreensível; mesmo se tratando de campesinos alfabetizados, essas mensagens não lhe dizem respeito nem lhe transmitem a inovação e a mudança. A linguagem dos campesinos é simples, prática, abreviada. No meio rural a relação homem/terra tem um significado real, que não existe no meio urbano. As metáforas, por exemplo, se baseiam na vida animal ou vegetal." [81] Manuel Olarreaga observa esses dados e muitos outros estão por identificar pela pesquisa direta. O centro de estudos da UNESCO, em Quito, está atento a esse

---

81. Manuel Olarreaga, *Problemas Estructurales de la Comunicación Colectiva*, na obra citada na nota 72.

problema e hoje promove outra fase histórica de estudos. A mística do CIESPAL, no momento, é estudar as comunidades marginalizadas da América Latina. Participei de um seminário, em 1972, onde sociólogos, antropólogos, economistas e comunicadores se debateram por um plano piloto de pesquisa que o CIESPAL implantaria. É o caminho mais realista para se poder falar em sistemas políticos de comunicação coletiva a serviço do desenvolvimento. Senão vamos incorrer no erro clássico de imposição de elites "civilizadas" a comunidades "marginalizadas".

Reconhecendo a importância desse *front* de estudo, vinculada a ele por outra pesquisa, não é possível deixar de lado também a mensagem jornalística dos centros urbanos. E este trabalho se propõe a um começo de descrição e análise da informação veiculada pelos grandes jornais brasileiros, situados no eixo Rio — São Paulo.

PARTE II

QUADRO DE MANIFESTAÇÕES DA MENSAGEM JORNALÍSTICA

1. Focos de Irradiação nos Grandes Centros Urbanos

O surgimento da empresa jornalística no Brasil pode ser localizado por volta de 1890. Por esta época, especialmente no Rio de Janeiro (centro de decisões e de movimento econômico), observam-se duas tendências no sentido de transformar a atividade jornalística em exploração comercial e industrial: de um lado, os jornais como a *Gazeta de Notícias* e o *Jornal do Comércio*, tradicionais folhas que vêm do tempo do Império, modernizam-se (pelo menos quanto à estrutura econômica), adquirindo equipamento e passando a faturar, principalmente, a venda de espaço publicitário; de outro, surgem novos órgãos como o *Jornal do Brasil* e, pouco depois, o *Correio da Manhã*, já inteiramente estruturados como empresa e voltados, como qualquer negócio, para o lucro como objetivo. Esta tendência vai aparecer em outros centros do país antes do fim do século; é o caso do *Diário Mercantil*, de São Paulo, e do *Correio do Povo*, de Porto Alegre. A empresa jornalística, montada com fins lucrativos, vai produzir folhas sensivelmente diferentes das ligadas a grupos políticos, características do período anterior (jornal-tribuna), cujo exemplo mais marcante, até mesmo por suas oscilações opinativas ao sabor de quem pagasse melhor, é essa famosa *Cidade do Rio*, de José do Patrocínio. Objetivando a maior circulação possível (em função da qual gira, *grosso modo*, o valor do espaço vendido), o jornal empresa passa a considerar preferencialmente o gosto do leitor. A ênfase recai sobre o que o público quer e não sobre a opinião do grupo que manipula o jornal. Surge, então, pouco a pouco, o jornal noticioso, que logo se transforma em sensacionalista; surge também a crônica esportiva, policial e social.

Este tipo de periódico está ligado a dois fatores sócio-históricos: urbanização e industrialização. Em outras palavras, sua implantação exige o surgimento de populações urbanas e com algum poder aquisitivo. No fim do século passado, por sua importância como centro administrativo do país e como pólo econômico ligado à importação e exportação, o Rio de Janeiro reúne as condições mencionadas e aparece como centro do jornalismo brasileiro em termos modernos. A industrialização da região Sul, especialmente São Paulo, vai criar, no início do século, outro centro de importância. Estes núcleos do que já se pode chamar "indústria cultural" permanecem, até a década de 50, regionalmente importantes, mas menos expressivos em termos nacionais. Por outro lado, desenvolvem-se nas unidades federais atingidas pelo avanço econômico (Rio Grande do Sul, Minas, Bahia, Pernambuco) jornais estruturados sob forma de empresa e com audiência relativamente importante. A única exceção dessa fragmentação de audiências pode ser atribuída à revista *O Cruzeiro*, que atinge circulação nacional.

A introdução do rádio comercial, no fim da década de 20, não modifica muito esse panorama. Persiste a tendência à regionalização, já observada no desenvolvimento da imprensa escrita, ainda que algumas emissoras do Rio e de São Paulo instalem transmissores capazes de atingir (precariamente, é verdade) toda a região Centro-Sul e parte da região Leste. O rádio, porém, traz em si um ingrediente que conduz à concentração industrial (além do já citado): a formação de cadeias de empresas jornalísticas. De longe a mais importante é a dos Diários e Emissoras Associados, fundada por Assis Chateaubriand, que atinge a máxima importância na década de 50. A concentração que, na base, está favorecida pela operação industrial do Estado Novo e pelas injeções econômicas estatais, ficava restrita praticamente ao nível administrativo (a Agência Meridional, integrante do *pool* Associado, nunca exerceu papel importante como central de informações para os jornais do grupo). Com o rádio muda um pouco a situação: passa a significar também intercâmbio de conteúdos, sob forma de *scripts* de programas produzidos no Rio e em São Paulo e reproduzidos em todo o Brasil.

O advento da televisão, na década de 50, contribuiu para avançar mais um passo no sentido da concentração, seja do ponto de vista administrativo, seja quanto à produção de mensagens. A indústria cultural brasileira se define nos eixos dominantes de todo o sistema econômico — São Paulo e Guanabara. Fruto do surto "desenvolvimentista" que empolga o país na segunda metade deste século, surgem no mercado novas e poderosas empresas que pretendem atingir, com seus produtos jornalísticos, audiências nacionais. É o caso, particularmente, da Bloch (*Manchete, Fatos & Fotos*) e da Editora Abril (*Realidade, Veja*). Outro sinal da concentração é a instalação, nas principais capitais, de escritórios dos jornais mais importantes do Rio e de São Paulo. Estas sucursais se encarregam da cobertura local que vão dar ao *Jornal do Brasil*, a *O Globo*, a *O Estado de S. Paulo*, por exemplo, uma amplitude de informações que tende a se aproximar do que seriam jornais de interesse nacional. Por outro lado, estes escritórios estimulam o incremento da circulação dos jornais em diferentes pontos do país e se encarregam da captação de publicidade regional.

Se tomarmos a análise da concentração jornalística em São Paulo e Rio de Janeiro pelo ângulo de desenvolvimento, a indústria cultural se inter-relaciona claramente com o contexto geral. Seguindo o esquema de evolução que Fernando Henrique traçou em seu trabalho *O Modelo Brasileiro* (Revista *Debate & Crítica*, julho/dezembro de 1973), a primeira fase que situa da Segunda Guerra a mais ou menos 1962 é a chamada industrialização substitutiva de importação. Fomentada pelo Estado, mobilizando capitais nacionais formados no setor exportador primário e no setor mercantil, acelerou a "urbanização e as migrações rurais-urbanas, especialmente porque o diferencial de salários entre campo e cidade induzia a movimentos nesta direção e porque o custo da industrialização pesava no campo" (p. 19). É a fase também da "política populista" (Vargas, 50 a 54; Kubitschek, 56 a 60; Goulart, 61 a 64), onde numa espécie de pacto com parte das massas urbanas — já que a mão-de-obra não qualificada ficava à margem — eram "chamadas" a participar do desenvolvimento e, muito importante, a formar uma camada de consumo. A segunda fase promove a implantação de indústrias de bens de consumo duráveis (como no período Kubitschek e a "linha branca" das geladeiras, máquinas de lavar roupa, equipamentos domésticos e veículos). "Decidiu-se" — diz Fernando Henrique — "nas esferas governamentais — com amplo apoio empresarial — diversificar a produção industrial e orientá-la para produtos típicos das sociedades de consumo" (p. 27). Como a capitalização interna é insuficiente, entram significativos investimentos estrangeiros, o que provoca uma "internacionalização do mercado interno". "Com efeito, a partir desta etapa, a industrialização e o comportamento global das economias dos países periféricos passam a pautar-se por formas próximas das que caracterizam os países centrais" (p. 27). A grande diferença é que nos países em desenvolvimento, o mercado capaz de absorver os bens de consumo duráveis limita-se à classe de mais alta renda e ao grupo de renda que logo segue (5% da população, 4.700.000 pessoas ganhando US$ 2.700 *per capita* por ano). Vemos nessa fase (década de 60) a expansão da indústria cultural e uma de suas contradições típicas de países em desenvolvimento — a defasagem entre os propósitos-massa de grandes centros urbanos e a audiência restrita, empresas jornalísticas de infra-estrutura industrial tirando uma revista nacional para apenas 40.000 consumidores, ou tiragens de livros de ficção de 2 a 5.000 exemplares, ou tiragem de grandes jornais para 100, 120.000 assinantes e compradores. A terceira fase, a que vivemos, corresponde, no modelo de Fernando Henrique, à dinamização econômica por meio da exportação de

49

produtos semimanufaturados e de alguns produtos acabados de consumo popular. Um período que pode ser denominado de "nacionalismo desenvolvimentista" e se caracteriza pela internacionalização do mercado, numa expansão em círculos concêntricos, fabricação de bens sofisticados, tecnologia avançada, consórcios internacionais atuando com investimentos externos e acentuando a dependência que, por sua vez, gera a necessidade de exportação para angariar divisas que paguem a amortização do capital, os juros, os *royalties* e a importação de bens de produção.

Segundo o modelo de análise, a evolução se processa com um custo social elevado, na medida em que a maioria fica excluída dos benefícios do desenvolvimento na sua dependência estrutural. "Não obstante, o processo de urbanização e a integração de parte da população aos setores dinâmicos da economia geram fortes expectativas ascensionais e permitem algum êxito real nesta direção, mesmo entre populações que estão na base da estrutura social urbana" (p. 36). A característica que mais chama a atenção, do ponto de vista sociológico, continua o autor, é o traço de uma *sociedade de consumo opulenta*: "O contraste entre, por um lado, as expectativas de comportamento voltadas para o progresso e melhoria das condições de vida, bem como para a cultura de massa, simbolizada pela televisão e pelo apego às grandes realizações e, por outro lado, as condições precárias de vida, desconcerta os analistas" (p. 37). Segundo F. Henrique, a integração entre as expectativas (criadas em grande parte pela cultura de massa) e o real "precário" se dá pela "ótica da privação". Mas essa explicação não o satisfaz, porque levaria o raciocínio a um conformismo e apatia da massa — "... parece-me, antes, que se trata de populações que assentam seu projeto de vida em expectativas de minimobilidade individual e que, bem ou mal, encontram reais possibilidades de ajustar-se com vantagens, em comparação com sua experiência anterior de vida, à urbano-industrial" (p. 37). A solução das dúvidas dos analistas do processo de industrialização brasileiro não se esclarecem de imediato. Para este trabalho, que em nenhum momento pretende uma perspectiva histórica específica, mesmo porque não há elementos para isso, basta situar a amostra de análise — grandes jornais de São Paulo e Rio de Janeiro — no contexto que os explica: a industrialização, o grande centro urbano de concentração industrial e a formação de um nível-massa de consumo. As duas primeiras condições, ao que tudo indica, se realizaram em nosso século; a última é a contradição inerente aos países dependentes. Não é de estranhar que as tiragens dos jornais em análise como veículos de cultura de massa não cheguem a passar de pouco mais de 100 mil exemplares. A superposição de uma sociedade de consumo opulenta a uma camada social precariamente integrada no centro urbano (para não falar dos centros rurais) nos leva a essa contradição do jornalismo que levantamos: comportamento e conteúdos de nível-massa para consumidores muito restritos.

2. A Questão dos Gêneros Jornalísticos

É preciso recorrer à evolução histórica do jornalismo impresso para estabelecer uma classificação de tendências em que a informação se processa. As transformações do conceito de notícia, na perspectiva histórica, mostram as várias tendências que se conjugam na imprensa brasileira contemporânea. Se acompanharmos a experiência histórica norte-americana, como a interpreta Mitchell V. Charnley,[1] podemos esquematizar as fases da práxis informativa: nos primeiros momentos da sociedade colonial norte-americana, a notícia era associada a fatos oficiais, ocorrências relatadas em cartas (o paralelo é válido no caso da editoração no Brasil); com a evolução da fase colonial para a fase revolucionária que culmina em 1789, a informação é dimensionada pela importância político-liberal, há mais interesse em formar opiniões do que em noticiar. Jefferson esboça o "direito de informação": prefere jornais sem governo do que governo sem jornais. A informação está a serviço da movimentação política, dos grupos liberais da independência. O Brasil se enquadra neste esquema na imprensa que se implanta no século XIX.

O jornalismo brasileiro, como a imprensa de todo o mundo, viveu uma rápida fase (pelo retardamento de sua implantação) de relatos oficiais quando operava mais como um arauto do governo. *A Gazeta do Rio de Janeiro*, de 1808, primeira folha impressa aqui, era porta-voz oficial do império português, então radicado na colônia. Apenas depois de 1821, com o decreto do príncipe regente, D. Pedro, suprimindo a censura prévia, começam a surgir em nosso país veículos impressos independentes do poder central. Os ventos constitucionalistas que sopravam na metrópole empurravam naves e idéias renovadoras para a província ultramarina. A imprensa politicamente militante é, então, mero reflexo de uma situação efervescente. O interesse principal dos jornais é, antes de informar, formar opiniões.

Os recursos técnicos disponíveis — uma tipografia quase artesanal, difícil acesso às fontes de informação — eram fatores determinantes na existência de veículos com essas características. Instrumentos basicamente da elite urbana (ainda não pós-industrialização), o jornal também poderia ignorar os assuntos tidos como culturais.

---

1. Charnley Mitchell, *Reporting*, Nova York, Holt, Rinehart and Winston, 1968.

51

"Defender os costumes, as virtudes morais e sociais, publicar novelas, extratos de história, resumo de viagens, trechos de autores clássicos e anedotas..."[2] constituíam os principais objetivos da maioria das folhas impressas do século XIX.

Esse quadro vai se modificar em torno de 1875. Principalmente com o surgimento da mentalidade empresarial que viu na imprensa um investimento digno de atenção. Importou-se equipamento moderno (rotativas, linotipos) e procurou-se satisfazer um público que crescia para, em conseqüência, alcançar bom número de anunciantes. As "tribunas do povo", os jornais humorísticos, começam então a deixar de existir, ou decair vertiginosamente, diante da concorrência das primeiras empresas jornalísticas.

Max Leclerc, um jornalista francês, retrata a situação da imprensa brasileira na última década do século XIX: "Alguns grandes jornais muito prósperos, vivendo principalmente de publicidade, organizados em suma e antes de tudo como uma empresa comercial e visando mais penetrar em todos os meios e estender o círculo de seus leitores para aumentar o valor de sua publicidade do que empregar sua influência na orientação da opinião pública (...). Em torno deles, a multidão de jornais de partidos, de um grupo ou de um político e só são lidos se o homem que os apóia está em evidência ou é temível."[3]

Nesse meio tempo se renovava a infra-estrutura da imprensa brasileira, mas sua feição ainda guardava muito do passado. O maior valor ainda era atribuído à opinião através do artigo de fundo, misto de retórica bombástica, grandiloqüente mas pouco consistente. Nem jornal nem público haviam se apercebido do papel da informação num mundo que, a rigor, não tinha também passado pelo processo da superação das fronteiras regionais e nacionais. Poucos liam, e o público de imprensa era o mesmo das conferências com tema sorteado, dos folhetins e saraus. Predominava como notícia os "fatos da sociedade", alguns escândalos políticos e, de vez em quando, um ou outro crime. O repórter estava por surgir. Era preciso que, antes dele, surgisse a notícia. "Quando teremos nós a ventura de ver a capital colocada ao nível das grandes metrópoles do mundo e ufanarmo-nos também de possuir, como eles possuem, grandes e horrendos crimes".[4]

As transformações vividas pelo Rio de Janeiro na virada do século e, a seguir, o impacto de uma Guerra Mundial e invenção

---

2. Juarez Bahia, *Jornal, História e Técnica*, São Paulo, Ibrasa, 1972.
3. *Apud* Nelson Werneck Sodré, *História da Imprensa no Brasil*, Rio de Janeiro, Civilização Brasileira, s/d.
4. *Idem* nota 3, texto de Brito Broca.

do rádio vieram abrir espaço para um novo conteúdo jornalístico atual, universal e com significação imediatamente referida a uma massa em formação. A pressa em ficar sabendo o que ocorre em todo o país, no mundo, começa a tomar corpo e cria um universo de leitores até então inexistente. A notícia empurra a opinião de grande parte das páginas de jornal; a necessidade de a cada dia conseguir levantar um novo mar de novidades, via telegrama, vai montar a manifestação-núcleo do jornal-notícia. Internacionalmente formam-se as agências de notícias, o telégrafo encurta distâncias, o rádio dá informações "em cima da hora"; nas salas de redação, uma modificação fundamental: do escritor, figura principal de produção individualizada, chega-se à criação anônima pelo corpo de repórteres. Esta passagem merece um destaque especial no jornalismo brasileiro, sobretudo Rio de Janeiro, foco principal, o que originou uma pesquisa sobre a origem da reportagem em João do Rio.

3. *João do Rio ou o Início da Reportagem*

"Eu nunca tive a nostalgia hereditária que acha o tempo passado bom tempo. Para mim, hoje é sempre melhor do que ontem e pior do que amanhã".[5] No Rio de 1900, das primeiras casas de chope, do cabaré "Chat Noir" estilo Paris, das livrarias como ponto de encontro dos escritores, das agremiações literárias, da Avenida Central como símbolo do "Rio civiliza-se" (para os esnobes da época, "o chá civiliza-se"), João do Rio se situa numa cidade em remodelação. "Do modo que, dado mesmo o caso da cidade estar pronta, de existir a nova Rio de Janeiro, eu, igualmente não poderia descrever-ta, porque com todo este poeirama, não a enxergaria nitidamente. Mas não existe: prepara-se".

A última frase define o ambiente histórico de transição: *agora aqui, tudo absolutamente provisório.* É nesse período que João do Rio vai desencadear sua pressa de viver. O Rio de Janeiro em transformação, o automóvel e o cinema, a mudança da boêmia literária do século XIX para uma "fauna inteiramente nova de requintados, de dândis e *raffinés*",[6] o jornal se definindo como indústria cultural — uma soma significativa que, em parte, explica a filosofia de Paulo Barreto (João Paulo Alberto Coelho Barreto, traduzido por ele para *João do Rio*).

---

5. Paulo Barreto, *O Cinematógrapho*, Porto, Chardron, 1909.
6. Brito Broca, *A Vida Literária no Brasil-1900*, Rio de Janeiro, Ministério da Educação, Serviço de Documentação, 1956.

"Evidentemente nós sofremos agora em todo o mundo de uma dolorosa moléstia: a pressa de acabar."[7]

A consciência de uma medida de tempo nova leva João do Rio a assumir a ação constante e apressada, viver o aqui e agora às últimas conseqüências. O mito novo que se traduz no *homus cinematographicus*:

"Nós somos uma delirante sucessão de fitas cinematográficas. Em meia hora de sessão tem-se um espetáculo multiforme e assustador cujo título geral é — Precisamos acabar depressa."[8]

Um homem com essa posição de vida, e mais do que isso, um homem que viveu assim, só poderia realizar profissionalmente uma atividade jornalística. Não o jornalismo do século XIX, no Brasil, mas um jornalismo novo que ele iria desenvolver. O que João do Rio realmente representa na evolução da imprensa brasileira, além de reconhecido por vários autores, se identifica em suas palavras:

"O literato do futuro é o homem que vê, que sente, que sabe porque aprendeu a saber, cuja fantasia é um desdobramento moral da verdade, misto de impossibilidade e sensibilidade, eco de alegria, da ironia, da curiosidade, da dor do público — o repórter."[9]

Neste momento, João do Rio propõe uma nova categoria profissional e levanta a questão até hoje controvertida — onde termina o jornalismo e começa a literatura (ou onde termina a literatura e começa o jornalismo, para não ser parcial...). Se, para José Veríssimo, a obra de Paulo Barreto não passa de "literatura apressada", para Brito Broca, bem mais equilibrado no julgamento, o autor é, acima de tudo, "o repórter, o cronista que se tornou verdadeiro historiador de uma época".[10] Mas para valorizar estes ângulos da produção de João do Rio, é preciso abandonar os instrumentos críticos da análise literária e descobrir a contribuição jornalística. Pelo menos num aspecto os autores não levantam controvérsias: Paulo Barreto é o cronista e o repórter do 1900 no Rio de Janeiro, centro dessa atividade no Brasil da época. Quando Luís Martins comparava recentemente os dois Barreto (Lima e Paulo), dava a justa medida desse valor: "João do Rio era, principalmente, o mestre da crônica e da reportagem, terrenos em que Lima Barreto não podia competir com ele. No romance e no conto, o outro era melhor. Lima Barreto

---

7. *Idem* nota 5.
8. *Idem* nota 5.
9. Paulo Barreto, *O Momento Literário*, Rio de Janeiro, Garnier, s/d.
10. *Idem* nota 6.

merece ser lembrado; mas Paulo Barreto não merecia estar tão esquecido".[11]

Os autores que discutem os méritos e deméritos de Paulo Barreto estão, em geral, preocupados em atacar sua "literatura apressada" ou a "falta de amadurecimento de seu teatro";[12] ou em defender os defeitos estéticos pela atenuante da crônica e da reportagem do momento. No entanto, o próprio João do Rio tem consciência às vezes lúcida, outras vezes vaga, de que sua obra era a de um jornalista e não de um literato:

> "Desde o romantismo, desde Victor Hugo, a literatura tende a ser, simplesmente, reportagem impressionista e documentada."[13]

Nesta afirmação, as indefinições do autor. Primeiro, da passagem de literatura para jornalismo; segundo, da reportagem, misto de impressões ficcionais e elementos documentados. Mas as indefinições de João do Rio são também as da fase de transição histórica e jornalística. Na transição histórica, ele é o homem comum, que sofre as contradições e as reflete na ação individual e social (seu dandismo, a vaidade conjugada com a sensibilidade aos problemas sociais, a defesa da brasilidade e seu comprometimento com a burguesia comercial portuguesa do Rio de Janeiro, seu papel jornalístico e a atração pelo teatro, literatura e academia de letras, o espírito crítico e a agressão de sua aparência física grotesca, somada a vestimentas e comportamentos fora do padrão, e até seu homossexualismo). Um parêntese extenso de contradições que, se partem do homem, encontram apoio nos "1900" do "Rio civiliza-se". Já na transição jornalística, João do Rio vai adiante do simples espelho das indefinições objetivas: ativamente abre caminhos que, numa história de Imprensa, são muito significativos. Di Cavalcanti afirmava, em artigo de 1948: "João do Rio representa o tipo exemplar do repórter, coisa que, até ele ter surgido na nossa imprensa, não existia. A ação era tudo para aquele homem que tinha um ar preguiçoso, meio dândi e meio mulato pernóstico."

A fase 1900-1920, liderada jornalisticamente por João do Rio, transforma aquilo que se poderia chamar de rotina de jornal, no Brasil, no século XIX: "O jornal, na alvorada do século, ainda é a anêmica, clorótica e inexpressiva gazeta da velha monarquia, uma

---

11. Luís Martins, "Os Dois Barretos", jornal *O Estado de S. Paulo*, 7/11/72.
12. Fábio Aarão Reis, "Paulo Barreto, Homem de Teatro", *Jornal do Comércio*, Rio de Janeiro, março de 1938.
13. E. Di Cavalcanti, "João do Rio", jornal *O Estado de S. Paulo*, 22/9/48.

coisa precária, chã, morna, vaga e trivial. Poucas páginas de texto, quatro ou oito apenas. Começa, geralmente, pelo artigo de fundo, um artigo de sobrecasa, cartola e *pince-nez*, ar imponente e austero, mas rigorosamente vazio de opinião; espécie de *puzzle* de flores de retórica, que foliculares escrevem com o dicionário de sinônimos ao lado e um jogo de raspadeiras do outro, literatura cor-de-rosa e que os homens mais ou menos letrados do país sorvem, logo de manhã cedo, ainda em *robe de chambre* e chinelo cara de gato no bico do pé, acavalando, nos beques estremunhados, enormes *pince-nez* de tartaruga, babando admiração pela obra-prima e a dizer: Sim, senhores, a isto é que se pode chamar artiguíssimo de fundo! Paginação sem movimento ou graça. Colunas frias, monotonamente alinhadas, jamais abertas. Títulos curtos. Pobres. Ausência quase absoluta de subtítulos. Vaga *clicheterie*. Desconhecimento das manchetes e de outros processos jornalísticos, que já são, no entanto, conhecidos nas imprensas adiantadas no norte da Europa. Tempo de soneto na primeira página, dedicado do diretor ou redator principal da folha...".[14]

Há dois dados objetivos que contribuem para a mudança do quadro ferino e bastante subjetivo de Luís Edmundo. Os dois apontados por Brito Broca:[15] a decadência da boêmia literária, que leva Coelho Neto a declarar em *Momento Literário*, de João do Rio — "Ah! meu amigo, o artista não é o zoilo das confeitarias à cata de jantar"; o segundo dado é a própria decadência por "jornalismo romântico das barricadas liberais", adequado à situação histórica do século XIX. Brito Broca justifica aí o desgaste da figura jornalística de um José do Patrocínio: "A campanha abolicionista se fizera ainda sob o signo do romantismo, animada muito mais pelo coração do que pela razão; e Patrocínio era o tipo do instintivo, do temperamental...". Por sua vez, o segundo dado, a decadência do jornalismo de opinião, está ligado a outras duas componentes da imprensa — a caracterização dos jornais como empresas e as novas exigências do público. E mesmo a boêmia literária decadente se filia, direta e indiretamente, a esses fatores, na medida em que os literatos buscam nos jornais-empresa uma remuneração para sua criação. "Em lugar dos paletós surrados, das cabeleiras casposas, os trajes pelos mais recentes figurinos de Paris e Londres, os gestos langues e displicentes dos *biasés*, que constituíam a chamada *jeunesse dorée*; em substituição às mesas de cafés, os clubes e salões chiques, onde imperava

---

14. Luís Edmundo, *Rio de Janeiro do Meu Tempo*, Rio, Imprensa Nacional, 1938.
15. *Idem* nota 6.

o esnobismo e se aconselhava o último livro de D'Annunzio à grande dama que não suportava Paul Bourget".[16]

João do Rio está diretamente vinculado ao contexto em que vive. Como "literato" que resolve viver da "pena", se entrega ao jornal--empresa até ser empresário (evolução de repórter/cronista em *A Gazeta de Notícias* a fundador de *A Pátria*). Do literato profissionalizado como jornalista restam os sintomas negativos de seu desempenho — a "literatura apressada" para os críticos literários, a ligação dúbia com os grupos portugueses do Rio de Janeiro que lhe firmaram a figura de patrono da aproximação luso-brasileira,[17] e suas secretas aspirações de literato reconhecido por academias, de dramaturgo de uma época. Como repórter do novo jornalismo, está atento à categorização dessa atividade, luta pelo reconhecimento de um profissional competente (que mereça boa remuneração...).

> "Para ser jornalista em qualquer parte do mundo civilizado, é preciso ter vocação e prática. Já se dispensa o bom senso, como se dispensa o estilo e a impertinente gramática. Aqui não há estilo, não há gramática, não há prática, não há bom senso, não há vocação. Um pequeno estudante, naturalmente poeta, tem crise monetária. A revisão incomoda-o. É difícil emendar o que os outros escrevem, quando não se tem absoluta certeza. O povoamento do solo já não tem empregos, nem para os mineiros. Que fazer? Um pequeno estudante arranja um empenho político e amanhece repórter. Um cidadão qualquer fracassou em todas as profissões, quebrou, foi posto fora de um clube de jogo. Que faz? É jornalista. Aquele moço bonito, cuja bolsa parca só se compara à opulência de vontade de freqüentar as rodas chiques, vê-se à beira do abismo? Não há hesitações. Faz-se jornalista. O idiota que quer gastar dinheiro, o industrial esperto, o político com apetites de chefe, estão em crise? Surge imediatamente o jornal para lançá-los, lançado por eles." [18]

Se João do Rio pode ser perfeitamente enquadrado como conseqüência da transição do momento literário e do momento jornalístico, pelo menos na segunda transição ele não foi um reflexo passivo, deu alguns passos adiante. O primeiro deles: não foi apenas empregado como repórter, tornou-se realmente repórter. Parece incrível para quem examina o problema da década de 70, que João do Rio desenvolveu uma característica primária do jornalismo moderno — buscar

---

16. Do discurso de João do Rio, ao entrar na Academia Brasileira de Letras, Rio, 1910.
17. Num artigo de *A Voz de Portugal*, 2/7/44, no 23.º aniversário de de João do Rio, sob o título — "Paulo Barreto, Sua Vida e Sua Obra" — não faltam elogios ao autor: "Não se pode, entretanto, falar neste evento feliz, não se pode falar hoje de qualquer modo nas relações luso-brasileiras, sem falar em Paulo Barreto..."
18. *Idem* nota 5.

informações na rua. Em 1941, Afonso Lopes de Almeida dizia: "Como jornalista, como escritor, Paulo Barreto nasceu, surgiu, viveu — da rua. Por isto, toda a sua obra parecia apressada, passageira, caleidoscópica, cinematográfica, isto é, jornalística." E equaciona as contradições criador literato *versus* jornalista assim: "Como escritor, também a obra de Paulo Barreto não se confunde com a de João do Rio. Do primeiro são os livros de ficção: teatro, romance, contos; do segundo, os volumes de crônicas, de artigos, obra de observação, direta e palpitante. E foram estes últimos que constituíram seu trabalho melhor".[19]

Observação direta e palpitante. Repórter que vai à rua e constrói sobre o momento a história dos fatos presentes. Da união destes dois conceitos nasce a definição moderna de jornalismo. E João do Rio, se não é original na história da imprensa, pelo menos no Brasil inicia esse processo. "Foi sempre, e em todos os gêneros, do princípio ao fim, o mesmo repórter sedutor, o mesmo rapaz cheio de projetos, a arder na mesma febre de trabalho, na mesma esperança, sempre adiada, de um definitivo que não chegava nunca..."[20] Fora os elogios de um biógrafo enjagado emocionalmente, fica o fato comprovável pela obra — João do Rio, o repórter que testemunha uma época. Basta recorrer ao livro de Brito Broca, *A Vida Literária no Brasil — 1900*; todos os capítulos se remetem a escritos de João do Rio: o tema da decadência da boêmia literária; Paris, o modelo da cultura brasileira da época; a moda da Grécia; a biblioteca e a pseudocultura; a literatura nos jornais. Em todos os assuntos, Paulo Barreto é uma das fontes principais, não como historiador, mas como cronista e repórter de seu tempo, o que leva o autor a concluir: "O cronista por excelência de 1900 brasileiro seria Paulo Barreto. E uma das principais inovações que ele trouxe para a nossa imprensa foi a de transformar a crônica em reportagem — reportagem por vezes lírica e com vislumbres poéticos. Aos literatos — jamais lhes passaria pela cabeça ir à cadeia ver de perto o criminoso e conversar com ele. Foi essa experiência nova que João do Rio trouxe para a crônica, a de repórter, do homem que, freqüentando salões, varejava também as baiúcas e as tavernas, os antros do crime e do vício. Subia o morro de Santo Antônio pela madrugada com um bando de seresteiros e ia aos presídios entrevistar sentenciados".[21]

Paulo Barreto se iniciou no jornal *Cidade do Rio* entre 1898 e 1899. Em 1900, na *Gazeta de Notícias*, chama a atenção do público

---

19. Afonso Lopes de Almeida, "João do Rio", do jornal *O Estado de S. Paulo*, 11/8/41.
20. *Idem* nota 19.
21. *Idem* nota 6.

58

com uma série de reportagens — "As religiões do Rio". Diz Brito Broca: "Era um processo desconhecido de buscar e apresentar a informação, um modo ignorado de impressionar e esclarecer o público. As reportagens causaram sensação e foram lidas com avidez; não faltou quem dissesse que aquilo tudo era fantasia, simples invencionice de um cérebro imaginoso. Editado o livro, foi considerado um plágio de *Religiões de Paris*, não sabemos de que autor francês. No entanto, parece que descontando alguns exageros, algumas deformações caricaturais, no fundo tudo era mais ou menos exato. (É o que assegura Agripino Grieco, que viveu o Rio da época.) Alguns anos depois, quando lançou a série de reportagens sobre feitiços e feiticeiros, constante de um de seus livros, deu-se o mesmo. Muita gente duvidou da verdade. A polícia resolveu levar o caso à conta de simples literatura. Mas dentro em pouco, recebia a queixa de alguns moradores de São Cristóvão sobre a algazarra terrível que se fazia nas vizinhanças de algumas residências. O delegado realizou a diligência e descobriu espantosos antros de feitiçaria. Ficava comprovado o faro e a fidelidade de repórter de João do Rio".[22]

Faro, traduzido em linguagem técnica do jornalismo moderno, é a capacidade de antecipar informações pelo convívio com os fatos em movimento no presente histórico; e a fidelidade do repórter pode ser traduzida como observação da realidade e captação de dados objetivos, exteriores ao observador. As reportagens de João do Rio demonstram, ainda que de forma incipiente, essas capacidades, assumidas numa época em que ser jornalista era ter habilidade verbal e falar sobre não importa o que, movido pela inspiração do momento. (Ou, no máximo, nos juízos de valor sobre os acontecimentos, juízos de valor bastante subjetivos, pouco ligados a argumentos precisos.)

Religiões do Rio, Alma Encantadora das Ruas, Vida Vertiginosa, Cinematógrafo, Os Dias Passam, livros que reúnem as reportagens de Paulo Barreto, oferecem, no meio de certos artificialismos estilísticos e imperfeições técnicas, aquilo que caracteriza o jornal moderno — informações. Os tipos sociais observados representam a tendência de humanização tão explorada pela reportagem atual; a descrição de costumes e de situações sociais inauguram a reportagem de contexto; de passagem, alguns traços retrospectivos do fato narrado levariam, mais tarde, à reportagem de reconstituição histórica (pesquisa, na gíria jornalística).

Quando Nelson Werneck Sodré traça o perfil de Paulo Barreto, identifica-o como "jornalista cuja contribuição não foi no terreno da linguagem, mas no uso de métodos que, não sendo novos, foram apurados por ele, aproveitados, praticados com inteligência, a entrevista e o inquérito e a reportagem em particular".[23]

---

22. *Idem* nota 6.
23. *Idem* nota 3.

Numa análise jornalística das reportagens de João do Rio, sua contribuição pode ser sistematizada assim:

Quanto ao universo da informação jornalística

a) A observação da realidade.
b) A coleta de informações, por meio da entrevista a fontes específicas (ex. — a enquete do *Momento Literário*), a fontes anônimas (reportagens/crônicas de tipos e situações), ou a fontes imprecisamente identificadas (reportagens como "Religiões do Rio").
c) A ampliação da informação nuclear em um cetro aprofundamento de contexto, de humanização e de reconstituição histórica.

Quanto ao tratamento estilístico

a) Descrição de ambientes e fatos e o repórter como narrador.
b) O diálogo repórter/fonte.
c) O ritmo narrativo da reportagem.
d) A frase e os recursos literários.

A primeira conclusão que se tira ao examinar as reportagens de Paulo Barreto é que ele inovou principalmente ao nível do conteúdo informativo e dos métodos de captação dos dados, portanto, ao nível de reportagem. Como redator ou estilista, preso a um tratamento literário muitas vezes esteticamente criticável, não consegue firmar um estilo jornalístico.

A observação da realidade, como característica essencial do repórter, foi realmente o ponto de partida de João do Rio ao produzir reportagens e ao renovar a crônica. Suas matérias são conseqüência de um levantamento intencional de situações presentes, captadas num mundo exterior — "O Que se Vê nas Ruas", "Três Aspectos da Miséria", "Onde às Vezes Termina a Rua", subdivisões do livro *A Alma Encantadora das Ruas*. O repórter vai a campo e busca informações. Vale-se, antes de mais nada, do método da observação. Essa capacidade é apontada por quase todos os autores como a arma mais importante de Paulo Barreto. A acuidade de observação de João do Rio se manifesta mais sutilmente na superação do tempo jornalístico imediato (o presente, o acontecido hoje) num tempo rico como anúncio do futuro. As crônicas que lançam previsões do tipo *science fiction*, como "O Dia de um Homem em 1920", ou as reportagens como as sobre feitiços e feiticeiros no Rio de Janeiro (já referidas), que prenunciam situações por eclodir, dão a dimensão de um observador muito familiarizado e, ao mesmo tempo, distanciado criticamente.

A coleta de informações por meio de fontes, ou melhor, entrevistas a fontes, é a grande conquista técnica que João do Rio lança no jornal brasileiro. Exatamente no momento em que a colaboração literária nos jornais vai passar por uma mudança, João do Rio faz uma enquete entre autores para sondar a situação. *Momento Literário* representa um levantamento jornalístico muito oportuno. Brito Broca interpreta essa transição: "Na segunda fase de modernização de 1900 em diante, os jornais, sem desprezarem a colaboração literária, iam tomando um caráter cada vez menos doutrinário, sacrificando os artigos em favor do noticiário e da reportagem. As notícias de polícia, particularmente, que outrora, mesmo quando se tratava de um crime rocambolesco, não mereciam mais do que algumas linhas, agora passavam a cobrir largo espaço; surge o noticiário esportivo, até então inexistente. E tudo isso no sentido de servir o gosto sensacionalista do público que começava a despertar. Conseqüência: facultando aos intelectuais, aos escritores, os jornais lhes pediam menos colaboração literária — crônicas, contos ou versos — do que reportagem, noticiário, tarimba de redação. Foi ao que se amoldou logo um João do Rio, fazendo da reportagem um gênero literário e vindo assim a servir simultaneamente ao jornalismo e à literatura. Nem todos, porém, se adaptavam à situação ou a ela se submetiam; daí o protesto contra o chamado abastardamento da inteligência ao qual preferiam muitos a esterilidade das mesas de café e os expedientes da boêmia. Já que o jornal não lhes acolhia o soneto burilado ou o conto, não se conformavam em dar-lhe a reportagem ou o noticiário, como qualquer redator anônimo".[24]

João do Rio captou esse momento de transformação e documentou, jornalisticamente, na sua enquete com escritores, "O repórter, o cronista que se tornou verdadeiro historiador de uma época".[25] Em 1905, quando sai *Momento Literário*, não se havia descoberto no Brasil a entrevista. Na Europa, o método já estava em voga desde 1890 (a idéia do *Momento Literário* já tinha sido executada na França). O importante é que Paulo Barreto introduz o conceito de captação de informações por meio da entrevista. Nem sempre ele é preciso como na enquete em que todos os escritores ouvidos ou consultados por escrito são identificados. Na grande parte de suas reportagens, as fontes são "personagens" anônimos, caracterizados por uma presença mais ficcional do que jornalística, ou ficam semi-identificados como tipos sociais, sem perfeita individualização. É raro o caso em que as informações chegam à identificação direta (como na reportagem "Os Trabalhadores de Estiva", do livro *A Alma Encantadora das Ruas*, onde o autor dá o nome das firmas dos estivadores). Esse passo, absolutamente rotineiro no jornalismo mo-

---

24. *Idem* nota 6.
25. *Idem* nota 6.

derno, João do Rio não definiu: prefere o tipo-personagem ao fulano de tal, entrevistado em tal lugar.

É interessante notar na matéria jornalística de João do Rio as origens do aprofundamento da grande reportagem, o que a partir da década de 60 iria constituir a tendência interpretativa do jornalismo. A ampliação das informações imediatas (notícia) já se encontra nos três rumos hoje consagrados: o rumo da humanização ("Um Mendigo Original"), que individualiza um fato social por meio de um perfil representativo; o rumo da ampliação do fato imediato no seu contexto (a maior parte de suas reportagens sobre problemas sociais da época; embora a necessidade de opinar de vez em quando ou até freqüentemente, as matérias permanecem como reportagens mais do que como artigos opinativos, com juízo de valor); e o rumo da reconstituição histórica. Nesta última categoria de jornalismo interpretativo, o autor só toca de leve — são passagens curtas das reportagens, onde a "erudição" de bolso oferece alguns subsídios para completar a informação presente no seu lastro histórico. O fato significativo como método de trabalho é que João do Rio não se satisfaz com a notícia imediata, o telegrama esqueleticamente informativo. Lança-se na reportagem que pretende mais, vale-se da enquete para ampliar as possibilidades informativas.

O primeiro problema de estilo que se coloca, numa análise jornalística, é a posição do narrador. A reportagem de João do Rio apresenta um "autor" e não um repórter como narrador intermediário, impessoal, do fato jornalístico. Mesmo nas experiências mais recentes de reportagens de primeira pessoa, o repórter não se destaca como João do Rio em suas matérias. Realmente uma narrativa egocêntrica. O *Eu* aparece de forma obcecante: quando a ação é exterior a ele, o repórter se inclui através de um objeto direto ou um objeto indireto: "falou-*me*, num grito de franqueza".[26]

Decorrente desse egocentrismo, é o diálogo das entrevistas. O repórter fala com as fontes, mas o primeiro plano não é a fonte, mas o autor em diálogo com alguém. A reportagem incorpora a técnica das declarações, recurso que dinamiza a narrativa jornalística, mas com essa deformação. Por outro lado, João do Rio não usa as fórmulas (hoje tão gastas) das declarações impostadas indiretamente, por meio de um "fulano disse", "beltrano concluiu". O diálogo é direto no sentido de falas mais livres, o único problema é o tom excessivamente centralizado do interlocutor.

O ritmo narrativo da reportagem se concentra em situações vivas, interessantes pelo documento histórico que representam. A

---

26. Paulo Barreto, *A Alma Encantadora das Ruas*, reportagem "Os Trabalhadores de Estiva", Rio de Janeiro, Organização Simões, 1931.

interferência de descrições ora discursivas ora críticas (especialmente no nível irônico de *Modern Girls*[27]) quebra às vezes a ação jornalística. São exatamente as intersecções entre o comentarista/cronista e o jornalista. O ritmo narrativo é, em grande parte, sustentado pela ação observada e pelas falas dos tipos escolhidos. Quando o autor cai no seu mundo, abandona o universo da informação exterior e passa a avaliar os dados — cai no comentário. A pior caída é a de "fazer literatura", no sentido de enfeitar descrições com excesso de metáforas, adjetivos ou exclamações. Vêm as frases carregadas que se contrapõem a frases dinâmicas, de ritmo moderno ("O Dia de Um Homem em 1920", um bom exemplo). Esses excessos retóricos do estilo de Paulo Barreto catalisam as críticas de alguns autores. Brito Broca justifica o autor: "Se o artificialismo e a ênfase repontam não raro nas suas páginas é porque nisso se encontram alguns dos principais traços da época. Imitava ele os cronistas parisienses e cosmopolitas — Jean Lorrain, Michel George Carrillo. Entretanto, para a posteridade, o que cumpre fixar não são as suas possíveis fraquezas de homem, as futilidades do noticiarista mundano, nem mesmo os erros do jornalista doutrinário — o que ele não foi. O que resta, e merece ser estudado, é o *conteur* considerável, o grande cronista, o admirável 'repórter' que iniciou uma fase nova no jornalismo brasileiro".[28]

A posição equilibrada de Britto Broca remete o valor de João do Rio novamente para suas conquistas como repórter. Mas ainda que a criação estilística da reportagem de João do Rio não seja tão inovadora quanto o método de captação de dados, também não se pode eliminar certo desempenho formal. O ritmo de cenas, situações descritas, é dinâmico, fixa o leitor na ação — as frases entram no ritmo, se precipitam; conforme o tema palpitante, as falas dão cor local à informação. Os deslizes retóricos ficam em segundo plano. Numa reconstituição da história da reportagem no Brasil, João do Rio não é o estilista modelo, se retirado do contexto jornalístico da época e se usarmos critérios de avaliação extraídos da reportagem amadurecida. No 1900, porém, quando o nariz-de-cera precisava de uma operação plástica urgente, João do Rio descobre a força narrativa de fatos reais em suas reportagens.

4. *As Sementes se Reproduzem*

Na discussão de manifestações da mensagem jornalística, pode-se concluir que, no Brasil, João do Rio lança duas novas categorias

---

27. *Idem* nota 5.
28. Brito Broca, 'O Cronista de uma Época", no *Correio Paulistano*, 19/5/54.

que ampliam a opinião (artigos e crônicas) e a notícia embrionária (telegrama copidescado pelos "escritores" da redação): a reportagem e a entrevista. A mensagem informação/consumo da cultura de massa vai se ampliando, à medida que a sociedade urbana brasileira — São Paulo e Rio sobretudo — se configuram. As alterações no ritmo industrial são fundamentais.

O problema, daí para a frente, pode ser situado em dois decênios: de 1935 a 1945 e de 1945 a 1955. O Estado Novo, que se implantava no país na segunda metade dos anos trinta, trazia consigo a total decadência do jornalismo de militância política (mensagem opinativa). A censura, exercida e controlada pelo Departamento de Imprensa e Propaganda, criado em 1937, cerceava a voz da imprensa impedindo-a de manifestar-se livremente. Por outro lado, o governo usava o próprio jornalismo como instrumento de controle, financiando novos veículos e corrompendo jornalistas. Nelson Werneck Sodré, em *A História da Imprensa no Brasil*, cita Herman Lima apontando a morte da caricatura política como um dos sintomas da falência de um jornalismo militante: "A partir de 1937, com a implantação do DIP, a caricatura política brasileira, que dera os mais belos frutos até então, perdeu terreno, arrefeceu o ímpeto, asfixiada por oito anos de pressão policial...".[29]

Em São Paulo, segundo Freitas Nobre,[30] o panorama era semelhante ao do Rio: ao lado de inúmeros jornais fechados e profissionais de imprensa levados à prisão, o DIP se encarregava de distribuir gordas verbas com as quais "jornais enriqueceram e jornalistas se corromperam...". Vedada a discussão dos grandes temas nacionais, impedidos os caminhos da oposição política e da denúncia, interditados os assuntos polêmicos, a imprensa, precisando de alento para lograr a sobrevivência, encontrou no sensacionalismo uma válvula de escape, o elo de ligação com que consumidor poderia lhe garantir vendagem sem maiores riscos de punição. O escândalo político deixa seu lugar para o escândalo policial. O sensacionalismo, vale dizer, não nasceu aí. Apenas se afirma, nesse momento da vida brasileira, como alternativa segura e rendosa. Brito Broca, ao traçar o panorama da literatura brasileira no início do século, dá ênfase às inovações apresentadas pela imprensa. E sublinha, especialmente, que essas mudanças eram incrementadas pelo sensacionalismo que começava a tomar corpo entre nós.

O final da Segunda Guerra Mundial vem marcar o enfraquecimento do getulismo e uma abertura democrática no Brasil. Esse

---

29. Citado na obra referida na nota 3.
30. Freitas Nobre, *História da Caricatura no Brasil, apud* obra citada na nota 3.

processo de redemocratização é bruscamente interrompido pelo golpe militar de 1945 e pela condução de Dutra ao poder. Somente com a campanha nacionalista que tinha como *leitmotif* o petróleo nacional, Getúlio Vargas consegue retornar à presidência e, desta vez, pelas urnas. A conjuntura nacional, contudo, é outra, bem diversa da fase Estado Novo. As empresas jornalísticas haviam conquistado novo alento, muitas delas com a participação dissimulada, porém indelével, de dedos estrangeiros. O clima de renascimento nacional permitia à imprensa desencadear campanhas de vulto, especialmente contra o governo. As agências estrangeiras de propaganda, controladoras de verbas publicitárias que sustentavam nossos veículos de comunicação, insuflavam, segundo Nélson Werneck Sodré, campanhas contra o nacionalismo governamental. De 1947 a 1956, o ritmo de crescimento industrial no país foi superior ao ritmo de crescimento médio do mundo capitalista. O equilíbrio das contas externas permitiu, nessa época, que o governo Getúlio lançasse um programa de fomento à atividade industrial. Decretos governamentais autorizaram a importação de equipamentos e matérias-primas. A imprensa brasileira recebe rotativas que lhe permitem ampliar a capacidade de produção.[31] O poder constituído precisava se armar frente aos desafios. Um dos instrumentos usados para este fim foi a própria imprensa. "Foi assim que vultosos e rápidos créditos possibilitaram, em 1951, a Samuel Wainer fundar o vespertino *Última Hora*, que logo conquistou lugar de destaque na imprensa brasileira".[32] O governo necessitava de base popular e acreditava poder se dirigir à massa através de um jornal; esse jornal teria que se dirigir a um público mais amplo possível, e o sensacionalismo (mensagem levada aos extremos do primarismo emocional) era, nesse caso, uma roupagem adequada ao fim. Simultaneamente, outros órgãos de imprensa desfrutavam posição privilegiada no governo, mediante pressão exercida pelos governantes, deputados e repartições públicas. Alguns chegavam a nomear e depor altos funcionários do governo (caso específico dos Diários Associados e de *O Globo*).[33]

A injeção econômica que os meios recebem nessa fase leva ao equipamento tecnológico (rotativas, por exemplo, já referidas) e este, em conseqüência, à expansão dos recursos gráficos. A mensagem se diversifica em função de certas facilidades técnicas e em função de oferecer mais para um consumidor urbano. O progresso técnico explica algumas mudanças: "O mundo, subitamente, se contraiu... Os transportes aéreos e a radiodifusão reduziram a distância e o

---

31. Beluco Marra, "Depto. de Pesquisa, Uma Experiência de Jornalismo", ensaio dos *Cadernos de Jornalismo*, do *Jornal do Brasil*, n.º 7.
32. *Idem* nota 3.
33. *Idem* nota 3.

tempo. Paralelamente, toda manifestação de vida se tornou mais envolvida."[34] Esta posição referente à sociedade norte-americana nas primeiras décadas do século só vai se cristalizar no Brasil na década de 50. Só que um outro meio entra em jogo: a televisão. Os jornais brasileiros começam sua competição/complementação com essa nova força. Isso é decisivo para que a mensagem encontre manifestações mais variadas.

Os jornais brasileiros começam a empregar os mesmos ingredientes que os internacionais. A estrutura da indústria cultural invade os centros urbanos em processo de desenvolvimento. A revista *Fatos & Fotos* se transforma numa versão cabocla da *Life* norte-americana. O *Jornal do Brasil* funda, em 1964, seu Departamento de Pesquisa e Documentação, segundo modelo do *New York Times*, que se propõe acrescentar os dados à notícia. E nessa fermentação, a mensagem jornalística se multiplica em formas ou manifestações. O relato noticioso, a reportagem, a entrevista, o editorial e outros comentários opinativos, a pesquisa de reconstituição histórica (biográfica) dos focos do dia, a crônica, a crítica de espetáculos e arte. A mistura de tudo isso é um resultado colorido — não mais páginas uniformemente compostas, mas um festival de títulos, seções, editoriais, recursos gráficos. Informação/distração/opinião se inter-relacionam de tal forma que montar um esquema de classificação não é fácil.

Um aspecto se tornou claro: não se trata de discutir as manifestações da mensagem jornalística conforme uma classificação literária de gêneros. Nem cabe a velha questão: jornalismo, um gênero literário?[35] O fato da palavra, o signo verbal, ser um elemento comum e o fato de, numa fase histórica, o escritor se confundir com jornalista, não sustenta o enquadramento do Jornalismo na Literatura, nem em sua divisão de gêneros. Alceu Amoroso Lima levanta quatro critérios de especificidade: é realmente uma arte verbal, uma arte verbal em prosa, uma prosa de apreciação, apreciação do acontecimento.[36] Há nestes critérios uma certa imprecisão, como por exemplo no termo "apreciação", mas de qualquer maneira ele identifica o objeto do Jornalismo: informação atual sobre o acontecimento. Antônio Olinto,[37] numa ligação muito expressa à literatura, classifica o jornalismo como "literatura para imediato consumo". E diante da pressão de tempo da atualidade, só lhe resta lamentar que o jornalista não consiga dar o acabamento literário à

---

34. *Idem* nota 1.
35. Autores que tratam do assunto: Alceu Amoroso Lima, Danton Jobim, Antônio Olinto.
36. Alceu Amoroso Lima, *O Jornalismo no Gênero Literário*, Rio, Agir, 1960.
37. Antônio Olinto, *Jornalismo e Literatura*, Rio, Lidador, 1968.

mensagem. Cai na confusão clássica: a matéria-prima de que se vale o jornalista é a palavra. Numa edição anterior, Danton Jobim [38] separa certos traços próprios do jornalismo — equipe de produção e não autoria individual, choque emocional do momento e não assunto "eternos" — mas não consegue libertar-se do modelo de análise literária: "Eu procuro saber se o estilo jornalístico não é o estilo literário libertado de artifícios, reduzido de certa forma aos ossos e aos nervos.[39] Reconhecendo a fragilidade das diferenças, termina por contrapor repórter e romancista, editorialista e ensaísta assim: "(...) um voltado para as exigências imediatas e passageiras do grande público, o outro curvado sobre os temas universais e permanentes que nascem da natureza do homem e do mistério da vida".[40] Pelo que se pode perceber, os autores acima citados analisam o fenômeno jornalístico com padrões literários pré-cultura de massa, o que leva a abandonar essa polêmica e discutir o assunto com os elementos provindos da análise da própria mensagem jornalística na indústria cultural.

5. Informação, Informação Ampliada e Opinião

A maior parte das tentativas de classificação da mensagem jornalística parte da ordenação expressa nas próprias páginas de jornal. Na bibliografia brasileira sobre o assunto, então é evidente essa preocupação. Luís Beltrão, em *Imprensa Informativa*,[41] desdobra em 10 categorias: notícia, notícia em profundidade, reportagem policial, reportagem judiciária, reportagem político-administrativa, reportagem econômico-sindical, reportagem esportiva, reportagem sócio-cultural, histórias de interesse humano, informação pela imagem. Não entrando no mérito da classificação, é descritiva de setores, muito imediata e superável na medida em que os jornais prestam novos serviços de *informação/distração*.

No esquema de Juarez Bahia [42] que, antes enumera as divisões da estrutura empresarial, a mensagem pode estar formulada em notícia, reportagem, entrevista, editorial, página editorial, seções especializadas (economia, educação, ciência, esporte, política, agricultura, artes, modas, variedades, polícia) e cartas à redação. Em cada uma das categorias, o autor faz alguns comentários e uma

---

38. Danton Jobim, *Introduction an Journalisme Contemporain*, Paris, Librairie Nizet, 1957.
39. *Idem* nota 38, p. 46.
40. *Idem* nota 38, p. 56.
41. Luís Beltrão, *A Imprensa Informativa*, São Paulo, Folco Masucci, 1969.
42. *Idem* nota 2.

tentativa de conceituação. As notícias se desdobram numa classificação particular quanto à maneira como ocorrem — previstas, imprevistas e mistas; quanto à procedência — locais, estaduais, nacionais, internacionais; quanto à seleção — proximidade, credibilidade; e quanto à técnica de tratamento — pesquisa, comparação, interpretação, seleção. A reportagem é conceituada como a grande notícia, e a entrevista como reportagem provocada: "(...) a entrevista consubstancia propriedade, interesse humano, atualidade, originalidade e concisão tais que se torna difícil ao leitor identificá-la como simples entrevista ou reportagem."[43] O editorial e a página editorial, evidentemente formam a manifestação expressa da opinião, da empresa jornalística e dos comentaristas ou articulistas que assinam. No caso das seções especializadas, o assunto que as caracteriza se identifica com o conceito. E as cartas à redação são, na voz corrente, a participação do leitor no processo.

Dois autores publicados, um em Pamplona, outro em Buenos Aires, para não referir todas as obras técnicas dos norte-americanos, mantêm quadros classificatórios semelhantes. Felipe Tarroba Bernaldo Quiros[44] fala dos diferentes valores da notícia, das classes, das circunstâncias que afetam o interesse, das qualidades intrínsecas, das qualidades extrínsecas, critério geográfico e interesse. Nenhuma unidade na análise, e sim vários planos de abordagem que culminam com a conclusão de que os fatores objetivos de interesse público são os fatores subjetivos desse público e que modificam a importância dos fatos. Normalmente as classificações se abalam quando precisam justificar em novos esquemas o binômio interesse significação (que Charnley Mitchell[45] fala em *Reporting*) que determina a seleção dos fatos. Quiros faz uma escala de fatores que entram nessa seleção: proeminência/celebridade, importância do fato pelas conseqüências, raridade, vida, interesse humano, rivalidade, conflito ou luta, utilidade, entretenimento. Realmente a gente se perde nessa confusão de elementos de análise.

José Ortego Costalles[46] amplia um pouco suas categorias para uma fundamentação filosófica. Como europeu, se preocupa com a teoria do conhecimento e discute a possibilidade do homem vender o tempo e o espaço; a notícia, para ele, é uma preciosa oportunidade de participar muito mais intensamente e extensamente na História. No seu conceito de notícia entram os elementos *acontecimento*,

---

43. *Idem* nota 2, p. 189.
44. Felipe Tarroba Bernaldo Quiros, *La Información y el Periodismo*, Buenos Aires, Eudeba, 1968.
45. *Idem* nota 1.
46. José Ortego Costalles, *Noticia, Actualidad, Información*, Pamplona, Universidad de Navarra, 1966.

atualidade, interesse do público e *comunicabilidade* (formulação lingüística). E chega a um conceito mais redondo do acontecimento, segundo ele *substantivo*, que provoca a notícia — é uma transformação do mundo exterior, ainda que, por exceção, possa ser um não transformar-se algo cuja mudança se esperava. Como se trata de uma realidade objetiva que entra pelos sentidos, o autor parte para as normas: a missão do repórter é captar essa realidade com a maior amplitude e precisão possíveis e narrá-la com fidelidade, de tal forma que o leitor receba a mais cabal informação sobre o fato. O papel da comunicabilidade é despojar a realidade multiforme de dados acessórios e representá-la de forma simples e inteligível. Costalles ainda analisa o interesse do leitor sob três ângulos: o volitivo, o afetivo e o intelectivo. Discute o problema da atualidade e as outras características da notícia e, quanto ao mais do jornal, dá a clássica classificação: notícia, editorial, artigo de colaboração, crônica, reportagem, entrevista, crítica, pesquisa (como instrumento de sociometria).

Na linha da notícia como "forma de conhecimento", Robert Park tem um artigo publicado no *American Journal of Sociology*, de 1945,[47] que aprofunda a oposição de William James (século XIX) do *conhecimento de* e *conhecimento acerca de*. O primeiro, sintético, se incorpora no hábito, no costume — constitui uma forma de acomodação/adaptação à realidade. O conhecimento *acerca de* é analítico e formal, baseia-se na observação e no fato verificado. A notícia se encaixaria aí, mas de maneira diferente de outras abordagens científicas. A principal aproximação seria a História. Park salienta as diferenças — a História se interessa tanto pelo acontecimento como pelas conexões do mesmo; o repórter procura tão-somente registrar cada acontecimento isolado, à proporção que ocorre, e só se interessa pelo passado e pelo futuro na medida em que estes projetam luz sobre o real e o presente. Nesta posição, Park não tem em vista os novos rumos da teoria histórica que de certa forma coincidem com as últimas palavras do conceito de notícia. Em todo o caso, fica um conceito de "presente especioso", uma mercadoria perecível que só é notícia quando chega às pessoas para as quais tem "interesse noticioso". Publicada e reconhecida a sua significação, diz Park, o que era notícia se transforma em História.

O que se observa nos autores são duas linhas de análise: a classificação pragmática que se detém na superfície impressa do jornal e a clasificação conceitual que procura raízes dessa superfície. Depois do que foi proposto na primeira parte deste trabalho, fica claro adotarmos a posição conceitual da mensagem informação/

---

47. Robert Park, "A Notícia como Forma de Conhecimento", *in* Charles Steinberg, *Meios de Comunicação de Massa*, São Paulo, Cultrix, 1970.

consumo. Resta optar por uma classificação de suas manifestações nas páginas de jornal. No Brasil, em pesquisas morfológicas e de conteúdo aplicadas à imprensa escrita,[48] e utilizando a metodologia Jacques Kayser,[49] as categorias mais amplas da mensagem são a publicitária, a jornalística e a de entretenimento. A mensagem publicitária expressa (anúncios, classificados, espaços pagos) não é o motivo desta análise que se detém no espaço jornalístico. Agora, a diferenciação entre mensagem jornalística e de entretenimento (ou diversional segundo a nomenclatura de José Marques de Melo) já se torna praticamente impossível. Fora alguns espaços como o da história em quadrinho, por exemplo, onde a mensagem diversional é diretamente vinculada com lazer, fica muito difícil separar informação de distração no contexto da cultura de massa. Abandonar essas duas categorias estanques é uma imposição do próprio conceito moderno de informação.

Para o desdobramento da mensagem jornalística, é imediatista utilizar os setores do momento nas páginas. Por isso, pode-se partir do núcleo quantitativo e qualitativo, a *informação/notícia*, no plano do acontecimento significativo (regulado por todas as variáveis já discutidas). A categoria posterior provém da evolução histórica e da dinâmica do próprio fenômeno. Quando o volume de informações (notícias) não mais satisfez, surgiu outra tendência. "Foi após a Primeira Guerra Mundial que jornalistas, examinando o produto de seu trabalho e as necessidades de seus leitores, perceberam que algo estava faltando. Sua pesquisa foi estimulada quando, em 1923, dois jovens jornalistas fundaram o *Time Magazine* com o objetivo de mostrar uma nova dimensão da notícia: seus antecedentes, suas significações indiretas e seu contexto."[50] A esta ampliação da notícia, corresponde uma categoria: a *interpretação*. E a velha categoria, primeira em escala histórica, a *opinião*, ou seja, o fato comentado e avaliado numa argumentação demonstrativa. Chega-se a um quadro de tendências, já expresso em nomes de disciplinas curriculares como Jornalismo Informativo, Jornalismo Interpretativo, Jornalismo Opinativo. Ou em termos mais adequados — informação, informação ampliada e opinião expressa.

Há quem discuta outra categoria com propósitos educativos. Seria uma mensagem de divulgação de conhecimentos científicos. A presença desse tipo de mensagem realmente vai tomando espaços na imprensa urbana em ascensão e já faz parte do quadro de

---

48. José Marques de Melo, *Estudos de Jornalismo Comparado*, São Paulo, Pioneira, 1972.
49. Jacques Kayser, *El Periodico — Estudios de Morfologia y Prensa Comparada*, Quito, CIESPAL, 1966.
50. *Idem* nota 1.

conteúdos que os grandes jornais veiculam em centros pós-industrializados. Entretanto, uma notícia científica é jornalismo informativo — mais um conteúdo para consumir — e uma reportagem que amplie certo conhecimento científico é jornalismo interpretativo. É preferível ficar, pois, com as três categorias propostas para controle de quantificação das matérias.

Durante os últimos anos de pesquisa e observação, foi possível constatar, na grande imprensa brasileira, a predominância de jornalismo informativo ou informação/distração tratada ao nível do acontecimento imediato. Em escala bem inferior, numericamente, aparecem os acontecimentos ampliados em grandes reportagens. O Jornalismo Interpretativo, objeto de estudo de outra publicação,[51] tem-se alastrado em semanários — especialmente nos que fazem parte do fenômeno da "imprensa nanica". Já a opinião se manifesta expressamente em páginas editoriais, setor de variedades (teatro, artes plásticas, cinema e televisão) e no esporte. Neste último, opinião e notícia nunca estiveram tão entrelaçados. Parece até que o repórter de esporte jamais foi pressionado pela famosa "objetividade"... A pesquisa direta deste trabalho se centraliza, pois, na mensagem informativa, a presença mais significativa da grande imprensa diária.

6. Jornalismo — Notícia Acima de Tudo

O enfoque desta análise fugirá de uma análise quantitativa. Primeiro, porque a quantificação dos dados exige um processamento rigorosamente estatístico; segundo, porque de acordo com a fundamentação já apresentada, interessa mais a verificação de tendências qualitativas sem mensurar, pelo menos imediatamente, uma intensidade matemática. De qualquer forma, os dados das sondagens prévias, tomando por unidade a matéria jornalística, mostram o quadro da imprensa de São Paulo. As notícias predominam no dia-a-dia, carregadas da dupla função de informar/distrair. Procuram atingir o nível massa de leitores, daí a ênfase em informações sonho/realidade, tais como noticiário do mundo dos olimpianos, novidades da "sociedade", polícia e o mundo das emoções primárias, serviços de lazer, entrevistas e perfis de interesse humano — matérias ditas amenas. Os grupos econômicos e políticos se esforçam, na medida do possível, em avivar as mensagens de opinião e os temas mais particulares — locais, bairro, lutas no plano municipal, estadual e federal. E os acontecimentos de consumo garan-

---

51. Paulo Roberto Leandro e Cremilda Medina, *A Arte de Tecer o Presente* (*Jornalismo Interpretativo*), São Paulo, Media, 1973.

tido, pela importância internacional ou imediata de seus efeitos, provocam um esforço dos editores em completar as matérias com contexto, antecedentes, opiniões especializadas e um nível mais profundo de humanização. Exemplos disso: um grande incêndio ou acidente aéreo exige uma cobertura extensa, interpretativa; a queda de um governo ou de um regime cria espaço repentino em várias páginas; a morte de uma personalidade célebre pede um histórico, um perfil amplo. Mas na cobertura diária normal em que os telegramas refletem a rotina, a informação de consumo é o fato imediato de significação primariamente emocional.

PARTE III

ELEMENTOS DE COMPOSIÇÃO DA MENSAGEM

1. Componentes da Mensagem: Angulação

A mensagem jornalística resulta da articulação de um conjunto de elementos estruturais característicos do processo de informação. Da realidade, atual e significativa para o homem de hoje, à representação que se faz dessa realidade num veículo de comunicação, a mensagem codificada pode ser analisada nas relações dos principais elos do processo. A consciência dessa codificação é importante para o comunicador individualizado (o repórter isolado na equipe), para que faça parte de um universo não como simples executivo, mas com certa lucidez crítica. No domínio do perceptível e com a ajuda da fundamentação teórica da cultura de massa, propõe-se um modelo de análise dos elementos do processo de codificação de uma mensagem.

Toda a matéria jornalística parte de uma pauta que pode ser intencional, procurada ou ocasional (acontecimento totalmente imprevisto) e essa pauta tem em si a primeira força do processo, que pode ser chamada *angulação*. Na angulação encontramos, de imediato, relações muito estreitas dos três níveis gerais de comunicação numa sociedade urbana em industrialização ou pós-industrializada: o nível-massa, o grupal e o pessoal. Quando a mensagem é angulada para de pauta se transformar num processo de captação, a componente grupal se identifica com a caracterização da empresa jornalística onde essa pauta vai ser tramitada. A empresa que, por sua vez, está ligada a um grupo econômico e político (em bases bem características na América Latina),[1] *conduz* o comportamento da mensagem da captação do real à sua formulação estilística. Nem sempre é fácil chegar a esse componente, porque ele não se apresenta claramente. Estudar a presença difusa e subjacente da empresa jornalística na mensagem

---

1. Marco Ordoñez, "Los Problemas Estructurales de la Comunicación Colectiva", *in* Gonzalo Córdoba e outros, *Problemas Estructurales de la Comunicación Colectiva*, San José, CEDAL, 1972.

expressa ou mesmo no comportamento do repórter que aí trabalha é uma tarefa de pesquisas que envolvem instrumental econômico, sociológico e psicológico. A angulação, no nível grupal (grupo econômico e político), é fundamental e muitas vezes, desencadeadora de mensagens. Mesmo que não desencadeie, estará presente nas relações dos elementos do processo de codificação. Naturalmente temos exemplos bem claros, bem expressos da angulação grupal representada pela empresa jornalística: o caso da campanha Laudo Natel promovida (negativamente) pelo *O Estado de S. Paulo*, todo o noticiário do conflito árabes/judeus no *Jornal da Tarde*, as posições relativas à liberdade de imprensa da grande parte das empresas jornalísticas, como no caso da "Agência de Notícias Latino-Americana", discutida pela Unesco em seu programa de "Políticas de Comunicação".

Essa angulação do nível grupal se manifesta muito clara, é evidente, em todas as mensagens opinativas das páginas editoriais. Os próprios artigos assinados, naturalmente selecionados de acordo com a sintonia dos autores com a empresa jornalística, são material de estudo nesta categoria de angulação. Mas a par da opinião expressa, uma análise mais detida vai encontrar indícios de angulação da empresa em toda a codificação de jornalismo informativo: a seleção dos telegramas, sua formulação no código lingüístico e visual, a orientação dos editores ao corpo de repórteres e a preocupação dos redatores em "fecharem" as páginas de acordo com a política jornalística da empresa manifestam a presença não mais acintosa como nos idos de 40 que Nélson Rodrigues registra em suas peças,[2] mas relativamente sutil de um "o patrão quer assim, ele é quem manda".

Muito interessante, para um estudo psicológico de perfil do comunicador, seria o acompanhamento do processo de fixação de um "foca" (iniciante) na grande empresa jornalística. Ao entrar numa situação totalmente insegura e incerta (sobretudo depois da chamada indústria dos estagiários),[3] o candidato a um contrato estável procura "corresponder" a uma atmosfera geral de redação com *status* e a primeira coisa que se observa é a tentativa de assumir valores e comportamentos típicos daquela empresa, a ponto de dizer, "fulano de tal é de tal jornal, olha o jeito dele". Aos poucos a dita angulação da empresa entra até pelos poros do repórter como necessidade de

---

2. Nélson Rodrigues, *Teatro Quase Completo*, Rio, Tempo Brasileiro, 1965.

3. A Indústria do "estagiário" surgiu com a obrigatoriedade de um ano de estágio nas empresas jornalísticas que o candidato a registro de profissão deve cumprir. Com a expansão dos cursos de Jornalismo, há empresas que sustentam suas bases de ação (reportagem geral, por exemplo), com a mão-de-obra de baixa remuneração (salário mínimo profissional) e farta, revesável, o que já se chama "indústria do estagiário".

ascensão. Naturalmente isso vai influenciar o processo de captação dos dados numa reportagem.

Na medida em que as empresas jornalísticas estão, na sua estrutura econômica e administrativa, entre uma fase pré-grande industrialização e a fase industrial amadurecida, o nível grupal se acentua. O nível-massa vai crescendo e se superpondo ao dos grupos políticos e econômicos ligados à empresa, tão logo esta assuma uma caracterização de grande indústria da informação. Nos nossos jornais, sobretudo os de São Paulo e Rio, pode-se constatar o crescente ritmo das mensagens anguladas pelo nível-massa. Esse outro componente de angulação está difuso em todas as mensagens de jornalismo informativo e de jornalismo interpretativo. Nota-se especialmente na formulação dos textos, nos apelos visuais e lingüísticos, na seleção das fotos, a preocupação em corresponder a "um gosto médio" ou, em outros termos, em embalar a informação com ingredientes certos de consumo. Não só a formulação está relacionada com a *angulação--massa*, o próprio conteúdo — dados significativos de realidade que passam para a representação — recebe essa influência. Novamente, os telegramas selecionados, sobretudo das famosas histórias de interesse humano, as notícias de grandes olimpianos mundiais, a complementação biográfica pitoresca de certos agentes históricos (políticos, artístico, científicos), estão angulados pelo nível-massa da indústria cultural. E naquelas empresas que estão mais caracterizadas como indústria cultural, no caso de São Paulo, pode-se citar o exemplo da Editora Abril. A captação do real numa reportagem é imediatamente angulada por esse nível. É típico o caso já confesso de um repórter médio da revista *Veja*, por exemplo, que sai para fazer a matéria imediatamente preocupado com um fato pitoresco, uma metáfora histórica, um apelo emocional para lançar a reportagem. E não só lançar, a preocupação se prolonga em todos os dados levantados e na sua montagem final. A angulação-massa está, pois, nas aparências externas — formas de diagramação atraente, valorização de certos ângulos e cortes fotográficos, apelos lingüísticos como títulos e narração dos fatos. Está também nos conteúdos e no processo de captação desses, extraídos de uma realidade. A mensagem de entretenimento seria o ponto culminante dessa angulação, mas não se reduz a isso o nível-massa. Mesmo numa notícia do *Resumo* (síntese informativa do *Jornal da Tarde*), os sintomas de angulação--massa são evidentes. Escolhi uma matéria para representar diretamente o que está afirmado na frase anterior.

O VEREADOR PÁRA SEU CARRO, APONTA O REVÓLVER E EXIGE: "ME DÁ A CARTEIRA."

> *O engenheiro Júlio Rubbo, diretor do Departamento de Limpeza Pública de Porto Alegre e suplente do vereador Paulo*

Santana, da Arena, não pensava que a visita aos parentes de sua esposa em Gramado, a 135 quilômetros de Porto Alegre, fosse criar uma difícil situação para sua reputação.

Sábado, à noite, foi sozinho a Canela, a três quilômetros de Gramado, visitar uns amigos. Na estrada, parou para dar carona "a um sujeito em quem aparentemente se podia confiar". Mas as desconfianças apareceram logo nas primeiras curvas das muitas que há na estrada entre as duas cidades. Cada vez que o carro caía para o seu lado, o estranho escorregava pelo banco e chegava mais perto.

Nervoso, pensando que o assalto era iminente, o engenheiro apalpou o bolso em que sempre guarda a carteira e não a encontrou. Imediatamente, parou o carro, tirou um revólver escondido no cinto e gritou: "Me dá a carteira." O estranho obedeceu prontamente e foi expulso do carro a gritos e empurrões.

O resto da viagem foi normal. Quando voltou a Gramado, o engenheiro encontrou a mulher esperando, e antes que pudesse contar as novidades, ouviu: "E a sua carteira?" Júlio Rubbo perguntou como é que ela já sabia do assalto? "Assalto? Não sei de assalto nenhum. Eu só estava preocupada porque você esqueceu a carteira."

Até ontem, cinco dias depois, o engenheiro (que assumiu a cadeira na Câmara porque Paulo Santana está viajando com a Seleção Brasileira como comentarista de uma rádio de Porto Alegre) não havia encontrado o dono da carteira, que continha 70 cruzeiros e documentos suficientes para provar que pertencia a um cidadão aparentemente tão respeitável quanto ele.

O nível pessoal da angulação se, por um lado, se dilui bastante numa criação cada vez mais anônima, por outro, quando aflora, tem muita valorização. É o caso dos astros das salas de redação. O público não chega a configurar muitos nomes ou matérias anguladas pela criação pessoal, mas as redações se encarregam de mitificar certos repórteres ou redatores e transformá-los em êmulos de todo o ambiente, verdadeiros modelos de "grande jornalista". Faz parte de um esquema de ascensão e auto-afirmação no mercado (tanto tendo em vista o consumidor, como o mercado estritamente profissional dos jornalistas e sua luta de concorrência) afirmar "estrelas". Na fase atual da grande imprensa em São Paulo, por exemplo, os veículos mais jovens como *Realidade, Veja* e *Jornal da Tarde* adotam essa política que traduzida em gíria seria "badalar os gênios". O gênio de redação se manifesta, como um valor destacado, no brilho de seu texto, a capacidade de criar novos recursos de estilo. Em escala sucessiva, vêm os grandes repórteres e os grandes comentaristas (poucos à disposição). A fase da crônica, na década de 60 situava muito bem o nível pessoal de angulação. Naturalmente a criação pessoal como contribuição à mensagem jornalística não se encontra isolada dos outros níveis já analisados. Numa relação estrutural, os três níveis se encontram. Assim, o gênio individual segue tendências de consumo de massa e não vai contra o nível-empresa porque senão seria dispensado daquele jornal. Por isso mesmo, é mais freqüente a criação ficar no revestimento externo das informações e não no método de captação. O que explica também que, nas redações ditas de vanguarda, o valor mais representativo dessa renovação é formal ("bom texto", um mito cultivado). As autoria de matérias, dentro do quadro de valores aqui apontado, é contemplada com prêmios-estímulo: nesses termos, sair uma matéria assinada é um privilégio muito aspirado. Às vezes, esse prêmio é conscientemente utilizado pela elite de poder das redações para compensar um jornalista mal situado em padrões de remuneração. ("Deixa sair a matéria dele assinada, que assim pára de reclamar por aumento.")

Nas colunas e críticas de Variedades (espetáculos, arte e comunicação) as assinaturas são vestígios expressos da pessoalidade na mensagem. Mas aí é preciso imediatamente ligar com o nível grupal, porque em geral os críticos e colunistas estão muito ligados a grupos (intelectuais, determinada classe social, grupos religiosos etc.) e exercem pouco uma individualidade de expressão. Na maior parte dos casos, são porta-vozes. Se tomarmos um caso crítico, como o colunista de livros, é bem mais freqüente que ele faça *press-release* das obras selecionadas para divulgar, do que uma crítica ou resenha crítica. Da mesma forma o colunista de discos, de televisão, de teatro. No meio desses, naturalmente se encontram críticos bem individualizados que tendem a passar de colunas para textos mais profundos, artigos e ensaios de suplementos literários. Aliás, o suplemento tem exatamente esse papel reservado à manifestação pessoal.

Para fechar a apresentação da primeira componente da mensagem jornalística — a *angulação* — podemos estudá-la nos três níveis — pessoal, grupal e massa — e nas manifestações de uma informação, uma informação ampliada e de uma opinião. Então as subcategorias da angulação poderiam ser *informativa* (onde entram todos os níveis, mas predomina o nível-massa), *interpretativa* (que também inter-relaciona os níveis, mas destaca o de massa), *opinativa* (que atua no domínio sobretudo do nível grupal, mas pode também dar margem à pessoalidade e, quando a mensagem é sensacionalista, vale-se de apelos de nível-massa).

Duas formas de angulação fogem um pouco a esse esquema: a narração expressamente diversional e a pesquisa de estilo sociométrico que completa certas matérias informativas, como os levantamentos pré-eleitorais ou outros muito típicos do Instituto Gallup de Opinião Pública. As dúvidas que surgem com relação ao enquadramento dessas categorias se desfazem na medida em que as entendemos um pouco mais além de suas aparências. No primeiro caso, tomando as histórias em quadrinhos como exemplo basta aceitar que esse lazer expresso é informação opinativa e pessoalizada. E no caso da pesquisa sociométrica, quantas pessoas responderam sim ou não à pergunta da enquete, não passa de um recurso auxiliar de uma reportagem que pode se comportar na linha informativa ou interpretativa. O esquema permanece assim sintetizado:

ANGULAÇÃO DA MENSAGEM JORNALÍSTICA IMPRESSA

- INFORMATIVA
- INTERPRETA-TIVA
- OPINATIVA

2. Edição, Segunda Componente Estrutural

"Com o objetivo de instituir uma progressiva especialização de cada repórter num determinado setor de cobertura, extinguiu-se o cargo de chefe de reportagem e criaram-se sete grupos de trabalho, com um repórter-coordenador para cada um. E a coordenação geral passou para a esfera da editoria -— a de Criação e Produção Geral." O *Jornal do Brasil* anunciava num artigo dos *Cadernos de Jornalismo e Comunicação*[4] a reforma de 1972 e oficializava uma prática em transformação nos grandes jornais brasileiros. A era do chefe de reportagem terminava e a era dos editores, ou editorias, passa a representar as redações modernas: "O cargo de chefe de reportagem foi suprimido, considerando-se que um único homem não poderia controlar todos os aspectos da reportagem e coordenar o trabalho de cerca de 50 repórteres, distribuindo tarefas de pauta e examinando a qualidade das matérias, o que pressupunha estar bem informado sobre todos os assuntos. A reportagem, que passou a ser produzida pela Editoria de Criação composta de um editor e dois subeditores, foi dividida em sete grupos de trabalho com um repórter-coordenador orientando a cobertura de cada um desses grupos, sem deixar de sair à rua e fazer seu trabalho de reportagem."[5] O modelo desta reforma naturalmente é inspirado nas redações de grandes jornais norte-americanos onde a figura do *editor* é bem anterior. Aqui, a mudança de etapas foi recente, mas antes de 72, quando o *JB* anunciou sua mudança, já o *Jornal da Tarde* de São Paulo e as redações da Editora Abril usavam o modelo editor e não chefe de reportagem. Esta transformação funcional e aparentemente técnica traduz, dentro do esquema de análise até aqui desenvolvido, um significado especial: o aumento numérico do corpo de redações, a especialização

---

4. "O *JB* renova em seis meses sua estrutura editorial", ensaio em *Cadernos de Jornalismo e Comunicação*, Rio, Edições *Jornal do Brasil*, 1972, set./out., n.º 38.
5. *Idem* nota 4.

dos setores em grupos coordenados por editores e subeditores e a descentralização do antigo pauteiro ou do chefe de reportagem são uns dos muitos dados empresariais de industrialização do produto "informação".

Interessa agora o fato de a editoria representar a segunda componente estrutural no processo da mensagem jornalística. Através de várias fontes, a informação chega em bruto à redação do jornal. Normalmente, cada setor produz uma quantidade considerável de pautas possíveis que terão de ser examinadas, ampliadas, resumidas, descartadas e receberão um lugar certo na página de jornal. Tradicionalmente os jornais eram divididos em secretarias que englobam os conteúdos da informação. As secretarias tinham uma divisão clássica: internacional, nacional, política, interior, economia, esportes, local, geral. Hoje, as editorias do *Jornal do Brasil*, por exemplo, mudaram para uma especialização crescente dos assuntos: Comportamento e Bem-Estar, Política, Assuntos Militares, Diplomacia e Igreja, Educação, Cultura, Arte e Entretenimento, Justiça e Segurança, Administração Pública e Privada, Cidade e Serviços Locais. A tendência nas editorias é exatamente abandonar um esquema rígido, fixo, para uma abertura às constantes solicitações do mercado da informação.

Uma das primeiras funções do editor, de qualquer um dos setores, é a determinação dos assuntos a serem cobertos e a coordenação dos repórteres que trabalham em sua área. Nesse caso, ele substitui o antigo pauteiro, elemento com a incumbência de elaborar a relação geral das matérias do dia, uma espécie de rol dos principais acontecimentos previstos para um determinado número do jornal. Se o editor recebe sugestões de pauta dos repórteres, ainda assim ele julga as viabilidades da matéria; tanto no caso anterior como neste, se constitui em um elemento decisivo na estruturação da mensagem, enquanto informação potencial. Por definição, é o sujeito "bem informado", sensível à demanda, que antevê a oportunidade de determinadas coberturas, que sabe selecionar as informações "essenciais" que o repórter traz, que sugere perguntas e, acima de tudo, que *angula* a matéria. Neste momento, editoria e angulação mantêm uma relação estrutural indiscutível. O editor está em perfeita sintonia com a angulação da empresa, com a angulação-massa — ou seja, age como elemento regulador da oferta e da demanda.

Mas o ciclo de participação de um editor considerado moderno vai mais adiante na estrutura da mensagem. A edição propriamente dita amadurece na sala de redação depois que os telegramas estão reunidos ou os repórteres chegaram da rua. O material coligido e em "redação bruta" chega às mãos do editor que vai decidir sua formulação gráfica na página do jornal. Tanto faz se o jornal tem

79

rotinas de diagramação e de redação, como se faz experiências mais livres (caso do *Jornal do Brasil* do Rio e *Jornal da Tarde* de São Paulo), o editor define a formulação da mensagem. Seu lugar de valorização, a morfologia com a matéria aparece na página, os títulos, a diagramação, o emprego da fotografia, tudo isso, a rigor, deverá estar intimamente ligado com a angulação inicial que gerou a matéria. Nesta etapa, verifica-se a capacidade abrangente do novo editor, ou os vestígios de um antigo secretário ou pauteiro. Essa capacidade abrangente se compromete em toda a estrutura da mensagem: a coleta das informações, a orientação do repórter, a determinação da matéria na página (esboço de diagramação), a seleção de fotos (quando não há a figura do editor fotográfico) e a aprovação de uma "arte final" de texto. A matéria sairá tão mais articulada, "amarrada", quanto mais presente estiver o editor em todas essas etapas. Uma delas, a visual, a diagramação, imagens e valorização dos títulos, olhos e *leads*, não é ainda dominada tecnicamente pelo profissional à disposição no mercado. Os profissionais da velha escola não se interessavam muito por esses ângulos — a "embalagem" do produto industrial. Na nova geração dos editores, sobretudo a camada que se formou em 1966, no *Jornal da Tarde*, já se passou de imediato para as preocupações formais — visualidade e acabamento de texto. A conjugação dos códigos digital e analógico torna-se bem visível em editorias modernas (*Caderno B do Jornal do Brasil*, grandes reportagens do *Jornal da Tarde*, por exemplo). Numa entrevista em que o editor-chefe do *Jornal da Tarde*, Murilo Felizberto, deu em 1970 ao jornal da Faculdade de Comunicação Cásper Líbero, o conceito de editor era o seguinte: "Sabe, eu acho que o editor deve ser o cara que, no fundo, guie a interpretação de seus repórteres, entende? Isso é que está faltando para a gente. Porque nós, que gostávamos muito de uma pessoa brilhante, do geniozinho, entende?, agora estamos buscando é um pouco mais de maturidade, de bagagem cultural. Eu sempre fui o cara do texto bonitinho e da paginação bonita, e nunca me preocupei muito com o conteúdo. Mas agora estou mudando, não sei se essa fase é permanente, mas acredito que seja mesmo o caminho certo." [6]

O problema do preparo do editor que, nesta entrevista, foi enfatizado no ângulo de "bagagem cultural", se reporta, na indústria cultural, a um dado técnico importante. O editor que domina sua *técnica de trabalho* na indústria da informação precisa assumir seu papel dinâmico de coordenador de grupo. A equipe em funcionamento, em ritmo de indústria acelerada, exige o líder de organização. A par da função criativa, a função técnica para desencadear o tra-

---

6. Entrevista dada por Murilo Felizberto ao *Imprensa*, jornal da Faculdade Cásper Líbero, nov./dez., 1970.

balho no ritmo das 24 horas. E nesse sentido, nossas redações não estão equipadas. A fase pós-industrialização, no jornalismo de São Paulo e do Rio, está em processamento, mas em muitos setores se identifica a transição. O nível administrativo vai sendo alterado com a introdução de um sistema de racionalização, este por sua vez precipitado pela mudança tecnológica da impressão em *offsett* e ampliação das empresas em bases nacionais (sistemas de sucursais). Os fluxos de trabalho estão começando a ser regulados pela equipe de técnicos da administração e dos engenheiros da tecnologia da informação. É recente o trauma que, primeiro os editores do *Jornal da Tarde* e, depois, os de *O Estado de S. Paulo* sofreram com a fixação de horários de fechamento das páginas nos chamados prazos-limite (*dead-line*). "Antes a redação trabalhava os textos até ficar bom, e isso corria a noite inteira nos primeiros tempos do jornal", uma queixa freqüente da redação que lamenta perder o artesanato para o ritmo industrial.

Outra forma de constatar que as editorias não estão amadurecidas nessa organização industrial é a cobertura de acontecimentos totalmente imprevistos, que se precipitam da tarde para a noite, em cima da hora dos fechamentos. Numa pesquisa realizada na Escola de Comunicação e Artes (ECA/USP),[7] imediatamente posterior ao incêndio do Edifício Andraus, em São Paulo, foi possível constatar as improvisações e falhas de editorias imaturas, do ponto de vista de organização do produto-informação. O objetivo da análise era estudar os comportamentos de estrutura de uma mensagem que corresponde à representação de um fato totalmente imprevisto. A hipótese levantada era de que um acontecimento como um acidente sério, um incêndio dessas proporções, exige prontidão e organização da parte das editorias (uma vivência técnica para montar esquemas de emergências). O que resulta numa cobertura eficiente — encadeada, com informações não contraditórias, nível de redundância regulada. A amostra utilizou os jornais diários de São Paulo: *Diário Popular, Popular da Tarde, A Gazeta, A Gazeta Esportiva, Última Hora, Notícias Populares, Diário de S. Paulo, Diário da Noite, O Estado de S. Paulo, Jornal da Tarde, Folha da Tarde, Folha de S. Paulo.* A edição escolhida para comprovar a hipótese foi a do dia seguinte ao incêndio, 25 de fevereiro de 1972. O levantamento quantitativo das informações nos jornais, a análise das angulações e a dissecação das unidades de informação mostraram que a cobertura teve um espaço muito significativo mas muito desconexo. As conclusões parciais da análise em cada jornal demonstram esse fato:

---

7. Pesquisa realizada em 1972, nos jornais de São Paulo, nas edições do dia imediato ao incêndio do Edifício Andraus.

A GAZETA — cobertura improvisada, muito desarticulada, informações sem unidade, matérias cortadas, universo de informações incompleto.

DIÁRIO DA NOITE — informações jogadas no jornal sem denotar organização de editoria, apelos lançados pelas fotos mas não fechados pelos textos, matérias sem unidade, informações contraditórias (sobretudo dados numéricos).

DIÁRIO POPULAR — informações soltas, deslocadas, vagas, redundantes, incompletas e duvidosas; a impressão final é de que os blocos de irformação foram sendo "encaixados" no jornal, à medida que iam ficando prontos, sem critério de edição; diagramação sem preocupações de valorização das matérias, fechamento em bloco (o que couber no espaço livre).

FOLHA DA TARDE — cobertura improvisada; não houve critérios de seleção das informações; um nível de redundância excessivo.

ÚLTIMA HORA — notícias soltas, sem coesão, nem complementação interpretativa; os textos se montam na base de soma desconexa de fatos, números e a cronologia do acidente; extrema redundância das informações, justaposição de dados contraditórios.

POPULAR DA TARDE — falta de uma edição definida; informações desarticuladas, relatos justapostos do acontecimento sem preocupação de os articular; informações redundantes, mal dispostas, pouco ligadas aos títulos que as anunciam.

NOTÍCIAS POPULARES — informações essenciais deslocadas, redundância extrema; informações vagas e contraditórias; pobreza de recursos gráficos para valorizar a informação; uniformidade monótona nos títulos e nos textos; justaposição dos dados sem articulação.

JORNAL DA TARDE — um jornal que costuma tender para uma angulação interpretativa, no caso apenas reuniu informações desarticuladas de um contexto mais amplo; a unidade dos códigos digital e analógico, freqüente nesse jornal, nesse dia perdeu muito para suas experiências renovadoras; as informações não tinham unidade; os apelos não conseguiram "amarrar" as informações, a cobertura se sucede sem unidade de editoria; redundância e contradição de dados.

FOLHA DE S. PAULO — angulação informativa, valorizando muito a emoção, como todos os outros jornais, mas com o apelo fotográfico muito destacado — foi o único que deu a primeira página com uma foto em cores; redundância das informações, desarticulação e contradição de dados; há uma certa unidade de cobertura nas primeiras páginas, indício de editoria mais atuante que nos outros jornais até aqui analisados; no total, muita matéria deslocada, jogada. (O jornal recebeu cartas de elogio da cobertura que fez questão de publicar na edição do dia 26.) A força de concentração dos esforços de editoria foi canalizada para a cobertura fotográfica, realmente a mais ampla e a mais editada de todos os outros.

O ESTADO DE S. PAULO — foi o único jornal que sistematizou a cobertura numa edição que tinha até o índice de matérias para o leitor na abertura; houve, neste caso, a coordenação flagrante de uma equipe — o comando de repórteres para buscar informações foi organizado e as matérias que chegavam, entraram em processo de edição; o interessante é que essa edição saiu da caracterização gráfica e espaço ocupado do *Estado* normalmente; a seqüência de informações e os blocos de matérias desdobrados em títulos ligados facilitava o percurso de leitura; houve redundância e contradição de dados, matérias de estrutura desencontrada e os outros aspectos citados para os demais diários, mas em menor escala, o que se pode conceituar de edição disciplinada no meio da emoção perturbadora geral. O comportamento do *Estado*, entretanto, foi reconhecido pelos próprios editores dessa cobertura como excepcional.

Nessa pesquisa ficou comprovada a hipótese inicial, pelo menos de 90% da amostra. Realmente, nossas redações ainda não encontraram a realização de editores e editorias à altura da fase industrial da informação. (Essa pesquisa, se aplicada, por exemplo, à cobertura das eleições — 1974 e 1976 — não daria resultados muito distintos.) É interessante registrar que de todas as velhas secretarias, a Internacional é que guarda um lastro maior de edição. Em acontecimentos internacionais imprevistos, o comportamento é mais organizado, há experiência e determinadas linhas diretrizes. Naturalmente, não há cobertura de rua, com os recursos próprios de captação de informações (corpo de repórteres) mas, em geral, a sustentação das Agências Internacionais e um outro recurso recente, o Departamento de Pesquisa, ou o velho recurso de um arquivo bem montado. Nesses casos, o dia seguinte nos oferece uma edição mais coerente, mais cuidada ou melhor coordenada: os antecedentes históricos do fato (pesquisa bibliográfica e de arquivo às vezes já na gaveta, de reserva), a tentativa de esboçar o fato no seu contexto atual, as opiniões de comentaristas internacionais (também previsíveis), as reações da imprensa mundial, mapas, gráficos e cronologias acessórias. A cobertura internacional tem outra vantagem quando se trata de um acontecimento que se prolonga em ciclos de informação — caso típico, Watergate —, os jornais nacionais têm tempo de firmar sua edição no correr dos fatos e tempo de seguir modelos estrangeiros, sob os quais se reorganizam.

Mesmo numa crítica das deficiências da componente *editoria*, defasagem entre o que deveria ser numa empresa moderna e o que é em nossos jornais, não resta nenhuma dúvida que os editores são elementos essenciais da estrutura da mensagem.

Captação dos dados

Entre a realidade ou notícia potencial e o *conhecimento acerca de* transformação numa mensagem jornalística, além da angulação e editoria, há atuação do processo de *coleta de dados*. Esta componente estrutura se polariza, na empresa contemporânea de informação, em grandes agências internacionais e recursos próprios de reportagem (corpo de repórteres). O monopólio da informação representado pelas agências diminui muito a força do repórter na empresa jornalística de centros em industrialização como os brasileiros. A percentagem de informações coletadas por intermédio de agências é maior que as reportagens ou notícias produzidas pelos recursos próprios das redações. E isso chega ao ponto de até notícias nacionais virem via agência internacional, apesar das pequenas agências dos países do Terceiro Mundo. M. Vázquez Montalbán, em seu livro *Inquérito à Informação*,[8] propõe uma geopolítica informativa universal:

1. Domínio privado capitalista — quatro agências, AP, UPI, France Press, Reuter. Informam 38 estados africanos, a América do Norte, Central e Sul, Ásia e Europa. 1.022.703.000 habitantes, 40,4% da população mundial.

2. Domínio privado comunista — Tass. Informa 11 países da Ásia e Europa e toda a União Soviética. 795.396.000 habitantes, 30,9% da população mundial.

3. Domínio privado dos Estados Unidos — AP e UPI. Informam 21 estados e territórios da América do Norte, Central e Sul. 202.542.000 habitantes, 8% da população mundial.

4. Domínio privado anglo-americano — Reuter, AP, UPI. Informam 24 países e territórios da África, Américas, Europa e Oceania. 106.267.000. habitantes, 4% da população mundial.

5. Domínio privado anglo-francês — Reuter, France Press. Informam 38 estados e territórios da África, América do Norte, América Central e América do Sul. 54.754.000 habitantes, 1,9% da população mundial.

Sem limitações — 212.340.000 habitantes, 8,3% da população mundial.

---

8. M. Vázquez Montalbán, *Inquérito à Informação*, Lisboa, Iniciativas Editoriais, 1972.

Estes dados de 1970, levantados por Montalbán, demonstram sua afirmação: hoje, informar é uma complicada indústria nas mãos de complexos interesses em defensiva; econômicos, políticos, sociais, com o nexo comum da sua identificação com o sistema. A análise imediata de informações provindas das agências internacionais nos remete ao quadro geral da indústria cultural, motivo de discussão no primeiro capítulo. O que interessa aqui é a segunda etapa seletiva da sala de redação, onde chega um volume enorme de telegramas. Numa pesquisa que utilizou a técnica da entrevista, nas principais redações de São Paulo, se constatou que os critérios de captação secundária (escolha dos telegramas) são bastante fluidos. O predomínio de informações vindas das agências norte-americanas é evidente. O volume quantitativo é de tal ordem que, queixa geral, não há tempo de uma seleção qualitativa. Num jornal, que se preocupou em organizar o setor de recepção de telegramas e seu encaminhamento para os editores, o responsável declarou sinceramente que "quando passa das medidas, o jeito é jogar no lixo". Isto se refere ao grande volume de notícias comuns, naturalmente as que envolvem um compromisso político-econômico mais vinculado a grupos que pedem um critério seletivo mais atento. É o caso de se recorrer a complementação de versões de uma AP ou UPI com a France Press. Mas o dia-a-dia das informações nível-massa, consumo imediato, o critério predominante é puramente quantitativo — a sobra vai fora.

O tratamento redacional dado aos telegramas não é muito esmerado. Notícia de última hora que chega às mãos do editor ao fechamento da página recebe um seco "cole na lauda". (O telegrama é recortado, colado na lauda do jornal e simplesmente corrigido, isto é, adaptado à grafia corrente.) No mais, as notícias são copidescadas conforme a disponibilidade de tempo dos redatores. A alteração intencional do telegrama, com reorganização das informações, complementação de dados, ampliação crítica só ocorre em acontecimento que, como foi dito antes, implicam um jogo de interesses grupais muito acentuado. A notícia nível-massa pode ser cortada ou alongada, mas sobretudo por causa do espaço gráfico disponível. Há até notícias, típicas materiazinhas de consumo, que estão guardadas ou na reserva para uma sobra de espaço, um canto vazio da página. A conclusão de que a captação das informações nos jornais de Rio e São Paulo deve ser ligada à indústria cultural internacional não foge, pois, da realidade visível. Os serviços locais, cobertos por repórteres da empresa, as reportagens do exterior (de um repórter destacado para ir buscar a matéria) e as informações nacionais de pequenas agências brasileiras ocupam, numericamente, apenas uma parte do espaço e nem sempre o mais valorizado.

O outro dado de análise na captação é o *repórter*. Suas funções, depois de receber pauta e orientação do editor, são de *agente* e de

85

intermediário. Como agente, interfere numa realidade contígua e extrai dela uma representação — as informações que levará para a sala de redação. Vai aí todo um relacionamento perceptivo e técnico. Perceptivo, porque como indivíduo condicionado pelo potencial próprio e pela carga cultural de seu meio percebe o fato numa interação psicológica. E técnico, porque pela aprendizagem assistemática ou sistematizada em escola, cumpre determinados pré-requisitos: a observação do fato, a descrição minuciosa dos dados julgados essenciais, a busca de informações complementares de todas as pessoas representativas de uma vivência do acontecimento, a busca de opiniões especializadas de observadores científicos da realidade. Na história da profissionalização do jornalista, cada vez mais se tornam necessários esses instrumentos técnicos e mais vai ficando sob desconfiança a simples captação perceptiva, emocional. E o caminho, também histórico, para sedimentar essa tendência é a formação em escolas e criação de um patrimônio de técnicas à disposição do aspirante a profissional. Isso lembra um texto de Leo Bogard: "Quando os profissionais da cultura de massa se sentem unidos por uma consciência profissional, são levados inevitavelmente a se aproximarem das normas da cultura superior."[9] E o autor entende aí, por cultura superior, uma formação universitária.

"O que distingue o repórter é seu íntimo contato com a realidade, com o que está diante dos olhos, com o que concorre no momento de pousar do conhecimento sobre as coisas. Sua missão, função ou profissão é transmitir essa realidade a um grupo de pessoas, dando-lhes conta do que viu, do que sentiu, do que ouviu."[10] A definição de Antônio Olinto levanta dados importantes quando à captação. Em primeiro lugar, o contato com a realidade e, o que é fundamental, um contato consciente. E é nessa consciência que o repórter, como diz Juarez Bahia,[11] se desloca de um universo testemunhal, denotação contemplativa, para um universo instrumental, denotação operacional. "Nessa acepção de mobilidade, continua o autor, é que se resume toda a ação de sua função." E nessa ação o agente não perde de vista que é um intermediário. Na inexistência de uma precisão científica quanto ao perfil do leitor e suas necessidades/exigências, o repórter se preocupa em satisfazer *qualquer tipo de receptor, ou seja,* o universo de nível-massa. O binômio interesse/significação de Charnley Mitchell[12] opera de forma indissociável na captação de informações. Quando o mesmo autor divide

---

9. Leo Bogard, "O Controle dos *Mass Media*", *in* Abraham Moles e outros, *Civilização Industrial e Cultura de Massas,* Petrópolis, Vozes, 1973.
10. Antônio Olinto, *Jornalismo e Literatura,* Rio, Edições de Ouro, 1968.
11. Juarez Bahia, *Jornal, História e Técnica,* São Paulo, Ibrasa, 1972.
12. Charnley Mitchell, *Reporting,* Nova York, Holt, Rinehart and Winston, 1968.

as notícias em *hard news* e *soft news,* sem pretender, está lidando com a categoria de fatos de interesse geral do nível-massa e fatos de interesse particular em determinados grupos. O repórter trabalha muito mais na área de busca das *soft news* do que das *hard news,* estas últimas muitas vezes provocadas e até exigidas por camadas especializadas, de elites intelctuais, grupos políticos, grupos de criação científica.

Na consciência profissional de nosso repórter, permanecem muitos traços de relação perceptiva com a realidade e algumas tradições teóricas como a bandeira da liberdade de informar um critério de responsabilidade social diluído, uma necessidade de expressão individual muito acentuada. Mas, cada vez mais as novas gerações assumem a insuficiência técnica e procuram complementar seus recursos profissionais. É evidente a preocupação com ser bem-sucedido junto ao público, o que o leva a procurar fórmulas de consumo. O caminho mais imediato é o uso de apelos emprestados da publicidade, sobretudo na linguagem de envolvimento da reportagem. O *Jornal da Tarde* oferece muitos exemplos de fórmulas como *veja, aqui, você* e outros tratamentos que estabelecem uma função lúdica com o leitor, propósito aceito em público pelo editor chefe, Murilo Felizberto, na entrevista já citada.[13] O segundo momento diz mais respeito à captação: o repórter amadurece seu contato com o nível-massa, procurando informações e não apenas tratamentos formais. O exemplo que podemos citar em seguida, a criação da editoria Viver no *Jornal da Tarde,* se dedica às categorias temáticas, bem-estar, consumo, móveis e decorações, moda, comportamento. Outro exemplo de preocupação com temas de cultura de massa são os grandes perfis de olimpianos. O terceiro momento da evolução do repórter nesse caminho de captação, sintonizada com a realidade urbana pós-industrialização, se resume numa reflexão crítica de seu equipamento profissional e a busca de conhecimentos especializados. Essa fase está por sedimentar no Brasil e os Cursos de Jornalismo das Escolas de Comunicação se lançam nessa etapa — basta analisar os esforços da Universidade de São Paulo, da Universidade de Brasília, da Universidade Católica de Belo Horizonte e as iniciativas particulares de muitos professores em outras escolas. O curioso é que um dos primeiros interesses mais teóricos acerca de instrumental de trabalho se concretiza na técnica de entrevista. Evidentemente esta técnica se constitui no problema central da captação.

Na apuração de informações, o repórter sempre estará recorrendo a alguma fonte. Num sentido bem amplo, fonte é qualquer coisa ou pessoa que possa fornecer ao repórter os dados necessários à

---

13. *Idem* nota 6.

elaboração de sua matéria. O primeiro obstáculo que se impõe: o relacionamento repórter/fonte e o preparo técnico do repórter para saber conduzir o encontro. Seja um arquivo, uma enciclopédia, livros científicos, cientistas, políticos ou gente comum, a abordagem/contato que for feita pode determinar o sucesso ou o fracasso da captação. Nesta abordagem conta primeiramente o conhecimento prévio do assunto que o repórter deve ter esboçado antes de iniciar a matéria. Na medida em que não há preparo profissional e cultural, relativa especialização e edição segura, naturalmente o repórter não conta com informações prévias. Depois vem o dado não menos importante da relação psicológica e profissional com a fonte. O jornalismo na incipiência de seus recursos técnicos, implantou uma série de tabus e toda uma expectativa negativa da parte das fontes de um certo *status* social ou intelectual e, nas camadas populares, a desconfiança junto a um jornalista. Edgar Morin, ao se dedicar ao estudo comparativo da entrevista como técnica das Ciências Sociais e técnica jornalística, levanta muitos dados absolutamente fiéis às experiências profissionais. "A entrevista é sempre uma intervenção orientada como comunicação de informações. Mas seu aspecto mais importante é sem dúvida a reação psicoafetiva que se processa paralela à informação."[14] O reforço do artigo gira em torno do relacionamento e da interação momentânea de duas pessoas que se encontram numa situação pouco propensa à espontaneidade: "(...) tudo na entrevista depende de uma alteração entrevistador/entrevistado, pequeno campo fechado onde vão se confrontar ou associar gigantescas forças sociais, psicológicas e afetivas."[15] Num esquema pesquisado em entrevistas de rádio e televisão (que pode ser extrapolado para a imprensa escrita), Edgar Morin cataloga algumas reações típicas do entrevistado:

1. Inibição: que se traduz no bloqueamento puro e simples, ou por uma fuga.
2. Timidez e prudência: o entrevistado conduz as respostas de delicadeza e boa educação, de acordo com o prazer que elas dão ao entrevistador. Elas se traduzem pela tendência em responder mais por sim do que por não; pela tendência (prudência) em optar por um número do meio, quando uma escolha de porcentagem é proposta.
3. Atenção ou desatenção: nas respostas pré-formadas a tendência de escolher o ponto de vista que abre a entrevista ou que a encerra.

---

14. Edgar Morin, "A Entrevista nas Ciências Sociais, no Rádio e na Televisão", *in Cadernos de Jornalismo e Comunicação*, Rio, Edições do *Jornal do Brasil*, n.º 11, jun., 1968.
15. *Idem* nota 14.

4. Racionalização: dar uma justificação ao próprio ponto de vista, uma legitimação aparente que esconde a natureza verdadeira do entrevistado.

5. Os exibicionismos que trazem *sinceramente* fabulações e comédias.

6. Defesas pessoais.

Mas este ângulo de análise sai do campo deste trabalho — seria motivo de uma ampla pesquisa multidisciplinar onde sobretudo a presença do psicólogo e do antropólogo parecem essenciais. O que interessa: a entrevista realiza o processo de comunicação numa microestrutura que, até certo ponto, representa o grande processo da cultura de massa, pelo menos na necessidade de encontro do emissor com o receptor. Só que na forma direta da entrevista, as coisas se passam do jeito mais complicado. Mas na medida em que o contato é assimilado, no nível humano, o comunicador devolve à massa algumas horas daquilo que colheu entre ela. A sondagem do repórter com *n* pessoas, escolhidas ou encontradas aleatoriamente, vai carregar a informação de gostos, necessidades, aspirações. Um editor de São Paulo dizia, certa vez, que há um ano não ia à rua, estava na sala de redação e "se sentia muito mal informado", apesar de receber todas as reportagens de sua editoria, ler e discutir com os repórteres. Esta situação mostra a importância do contato com a realidade (e a entrevista é uma das formas) na estruturação da mensagem. Por isso, também, o repórter representa uma componente essencial, sobretudo na mensagem que se volta ao nível-massa. O repórter dedicado a coletar dados para uma mensagem de nível grupal sai muito instruído pela angulação e edição da empresa, com fontes certas, escolhidas pela sintonia opinativa. E o repórter voltado para uma mensagem muito pessoal, aos poucos deixa de fazer jornalismo e se lança na mensagem "de autor".

Na captação dos dados há, portanto, dois ângulos de análise — as agências de notícias e a captação por meio do corpo de repórteres da redação por jornais. Resta abordar os editorialistas e comentaristas da mensagem opinativa. Sua autonomia para caracterização é muito relativa. A opinião se interliga diretamente com o nível grupal quanto ao conteúdo e com o nível pessoal quanto ao estilo de argumentação. Do primeiro caso, pode-se citar o comentarista Newton Carlos e no segundo, as crônicas de Nelson Rodrigues. Por outro lado, as informações que entram na linha de argumentação vêm de tal forma avaliadas pelo viés ideológico do grupo, que ultrapassam a estruturação jornalística pelo método de captação normal. As mensagens opinativas de Variedades e de Esportes já se comportam numa perfeita simbiose da captação de informações mais a avaliação. A tradição, especialmente no Esporte, é que o repórter faça matéria como comentarista. Ou o repórter de Artes e Espetáculos que se julga crítico. Nesses setores, como já foi dito na parte referente à angulação, a permissividade opinativa se sobrepõe à "objetividade" da captação. (E objetividade está entre aspas por a relação *repórter/realidade a captar* nunca ser objetiva como se pretende mais estar sempre sujeita às contingências da percepção e às insuficiências técnicas do método de trabalho.)

3. A Captação Levanta Hipóteses

A captação dos dados como componente da mensagem jornalística levanta muitas hipóteses. Tomada no conjunto descritivo dos elementos que se relacionam na estrutura, representa uma parte essencial do processo informativo. A coleta de dados pelo corpo da reportagem, a coleta secundária, via agências de notícias, e as informações capitalizadas por articulistas individualizados dão forma à intenção da empresa jornalística que angula e edita essas mensagens. A relação das três componentes é importante para a análise. Mas certas questões da captação exigem cortes especiais num aprofundamento à parte. Ficam aqui esboçadas perguntas/hipóteses: 1. A angulação da empresa jornalística brasileira (a dos focos irradiadores de São Paulo e Rio de Janeiro), em que medida coincide com a angulação das grandes agências de notícias da indústria da informação no nível-massa? 2. Em que setores de informação atua mais o nível grupal: no jornalismo informativo, no jornalismo interpretativo ou no jornalismo opinativo? 3. Qual o quadro preciso da geopolítica das grandes agências internacionais em relação às pequenas agências nacionais e latino-americanas os jornais dos grandes centros urbanos brasileiros e qual a distribuição desses centros para as outras cidades? 4. Qual o nível de concorrência entre a reportagem (captação do real) realizada com os recursos próprios da imprensa brasileira e o aproveitamento de telegramas? 5. Qual o perfil de nosso repórter e sua relação técnica com a captação de informações? 6. Onde se configura mais insistentemente o nível pessoal: no jornalismo opinativo ou na reportagem?

Poderíamos continuar o levantamento de questões que a captação envolve, o que conduz a uma angústia, porque são todas questões abertas. Em duas pesquisas anexas (p. 165) de caráter internacional — a abertura da China ao Ocidente —, fica reforçada a dependência da imprensa brasileira da grande indústria cultural e a insuficiência de seus recursos de captação próprios, talvez o traço mais forte de seu subdesenvolvimento.

4. Formulação da Mensagem e do Código Lingüístico

Do processo de elaboração da mensagem em termos de angulação e de captação, passamos para a formulação. Não que essa enumeração de componentes seja linear, porque então não haveria relações estruturais. Já foi destacado que a angulação se liga à captação e esta à angulação. Da mesma forma, a angulação e a captação trabalham com uma formulação que vai se concretizar numa página impressa de jornal. É dessa formulação explícita, que se pode chamar de *linguagem jornalística*, que vou me ocupar agora.

Linguagem Jornalística não se identifica com código lingüístico. Se os jornais impressos têm uma tradição histórica predominantemente lingüística, a mensagem não se formula apenas pelos recursos verbais. Na realidade, os signos lingüísticos representam um espaço muito significativo da página impressa, mas ao lado, ou melhor, inter-relacionados com eles estão outros signos (fotografia e ilustração). Esse acréscimo, indispensável, ainda não completa o quadro possível de formulação da mensagem: palavra e imagem se articulam num espaço gráfico composto com destaques de cor, preto e branco, relevo de blocos densos e áreas livres, dimensões físicas de tipos (das famílias tipográficas), ordenação hierárquica por áreas físicas de valor visual. Tudo isso, que simplesmente se chama diagramação ou planejamento gráfico, compõe mais um ângulo de análise da linguagem jornalística. Nesta perspectiva, ela é composta de elementos verbais, de imagens e de relações de espaço gráfico entre uns e outros.

Falar de linguagem é entrar diretamente nos problemas de comunicação humana. O termo se presta para todas as situações, já que o ato de viver é comunicação. Nosso problema, ao tentar alguns instrumentos de análise do fenômeno que é abrangente demais, reside nas diferenciações gradativas da comunicação espontânea (ato comportamental de vida) e a comunicação intencional de um meio indireto como é o jornal. Os autores de teoria da comunicação ainda estão trabalhando muito na área da linguagem do comportamento espontâneo: "Falar uma linguagem é adotar uma forma de comportamento."[16] John R. Searle insiste em estudar a linguagem em unidade de comportamento e formula como modelo de análise um quadro de *atos elocucionários*: enunciados, ordens, afirmações, interrogações, promessas, observações, explicações, comentários, pedidos; e de *atos perlocucionários*: persuadir, irritar, convencer, divertir, entediar.[17] O

---

16. John R. Searle, "Teoria da Comunicação Humana e a Filosofia da Linguagem", *in* Frank E. X. Dance, *Teoria da Comunicação Humana*, São Paulo, Cultrix, 1973, p. 154.
17. *Idem* nota 16.

autor se volta então para uma linguagem em uso na realidade cotidiana. E como ele, a grande parte dos teóricos se encantam com a complexidade da interação humana no ato comportamental, sobretudo com a dinâmica de codificação, decodificação, recodificação que pressupõe um repertório ou um sistema socialmente estabelecido e, ao mesmo tempo, a possibilidade potencial de cada ato ser imprevisível até certo ponto, em termos de comportamento e de interação.

Aparentemente é mais fácil tomar a comunicação indireta, ou seja, o registro de uma idéia, um comportamento, através de um meio, e observar aí um código formulado intencionalmente para comunicar. Pela logicidade do processo humano de registrar sua relação com o real através desse meio, a comunicação indireta (não o ato comportamental) parece mais estruturada. "A elaboração de uma linguagem lógica nos atesta a vocação de toda a linguagem à racionalidade, e que toda a linguagem pressupõe a inteligência ao mesmo tempo que a exerce, porque é portadora de sentido: no momento mesmo em que inaugura seu reino, o homem já é, indivisivelmente, um *cogito* e um *luquor*."[18] Na afirmação de Mikel Dufrenne, "temos que parar para pensar nesse segundo momento intencional da linguagem indireta em contraposição à linguagem direta do ato comportamentar. Se no ato, o falar (não só lingüístico mas acompanhado por toda a ação física e contextual de uma fala) já é pensar; e pensar é um esforço de codificação do real, a intencionalidade comunicativa vai parar nas sensações e percepções, e o fenômeno se configura em etapas gradativas e não opostas ou discrepantes. Quando Suzanne Langer estuda o signo no nível das percepções,[19] já se coloca nessa pesquisa de camadas cada vez mais sutis. Então é possível estudar a chamada comunicação indireta como mais uma etapa dessas gradações *naturais* de se comunicar. Numa certa fase, a comunicação interpessoal era valorizada em detrimento da comunicação indireta, como se esta não fizesse parte do quadro natural de interação humana. Há elementos hoje para já considerar um esforço intencional (não absolutamente livre e espontâneo) da percepção ao ato comportamental e deste a um registro indireto — e, assim como todas essas gradações estariam sujeitas a uma formulacão sem lógica estruturada em sistemas de codificação, também todas elas contêm potencialmente a possibilidade de criação de novos signos, o que espelha da dinâmica humana geral.

Para situar a linguagem jornalística nesse esquema, vemos então que sua característica de indireta não a opõe ao ato comportamental.

---

18. Mikel Dufrenne, *O Poético*, Porto Alegre, Globo, 1969, pp. 18-19.
19. Suzanne Langer, *Filosofia em Nova Chave*, São Paulo, Perspectiva, 1971, cap. "A Transformação Simbólica", p. 37.

Da mesma forma que o esquema oposto *langue* e *parole* de Saussure também não funciona nessa rigidez. Se relacionarmos a linguagem jornalística com as outras componentes estruturais, angulação e captação, encontramos imediatamente apoio para considerá-la um prolongamento da interação humana no ato comportamental, respeitando as gradações entre o comportamento e o registro ou representação do mesmo:

a) A angulação de atualidade e de referenciação a fatos da realidade humana e/ou natureza que caracteriza a *informação* jornalística;

b) e uma captação desse real para divulgar numa mensagem — levam à conclusão que os códigos e subcódigos, ou ainda, formulação expressa, buscam a representação do *designatum* de forma muito enfática, perseguindo um ideal de prolongamento do momento real em mais vinte e quatro horas (no jornalismo diário). A função dessa linguagem, para citar a nomenclatura de Jakobson,[20] é *referencial*. Mas no conjunto de gradações, cada etapa ganha determinados elementos e perde outros tantos. A linguagem jornalística procura um prolongamento da linguagem do momento real, mas naturalmente não é mais o momento, é um momento posterior. Eliseo Verón[21] estabelece uma diferenciação entre a codificação do momento e a codificação da representação do momento. Revisando os conhecimentos da lingüística à teoria da comunicação, ele situa as duas preocupações — a organização da interação humana no nível interpessoal e a codificação indireta. No primeiro caso, incorporando os estudos de Waltzlawick, Beavin, Jackson[22] e Ekman,[23] identifica a seqüência do comportamento com sua orgânica fundamental, a *contigüidade* no tempo e no espaço. No segundo caso, na comunicação indireta, identifica sempre o *analogon* do momento real, seja ele reproduzido por signos digitais ou analógicos. O *analogon* não é mais o metonímico (signo da contigüidade), porque sempre implica uma *substituição*. Isso caracterizaria o que referi antes como nova etapa de gradação. Examinando o jornal, realmente o fato referenciado não está ali vivo na página do jornal, está substituído por comunicação indireta, mas o que é importante: *persegue com todos os esforços conscientes ou inconscientes uma contigüidade recriada*. A seqüência metonímica da realidade se reconstrói pelos recursos do *analogon* jornalístico: daí todas as formulações de dinamismo por meio de fotografia, do desenho, das palavras e estruturas narrativas, da diagramação. Na história da formulação da mensagem jornalística pode-se observar o per-

---

20. Roman Jakobson, *Lingüística e Comunicação*, São Paulo, Cultrix, 1970.
21. Eliseo Verón, *L'analogique et le Contigu*, Communication, n.º 15, Paris, 1970.
2. Paul Watzlawick, Janet Helmick Beavin e Don D. Jackson, *Teoria de la Comunicación Humana*, Buenos Aires, Editorial Tiempo Contemporaneo, 1971.
23. Paulo Ekman e Wallace V. Fresen, "Origen, Uso y Codificación: Bases para Cinco Categorias de Conducta Verbal", *in* Eliseo Verón, *Language y Comunicación Social*, Buenos Aires, E. Nueva Visión, 1969.

curso de conquista de uma dinamização realista. Na gradação do analógico em relação ao metonímico, *a perda* de realidade viva é dramaticamente recuperada por vários recursos como os citados; e o *novo acréscimo* diz respeito ao tratamento dessa realidade representada, seja no plano de uma captação perceptiva, ou na formulação redacional do texto ou pictórica da fotografia, ou ainda no traço (*layout*) do grafismo da página.

Como não é possível analisar os subcomponentes da linguagem jornalística, neste trabalho me detenho no código lingüístico a partir de agora, depois de ter reforçado a presença de outros. O estudo do código lingüístico, na imprensa escrita, oferece ainda um campo mais extenso do que o código analógico e, para ser dissecado profundamente, mereceria um enfoque especializado só nesse assunto.

5. Fontes para a Análise Lingüística

Alfred Smith compõe um resumo histórico dos estudos do processo de comunicação [24] e reúne três fontes de autores: os matemáticos da teoria da informação, os psicólogos sociais e os antropólogos lingüistas. Os primeiros, com a teoria matemática da informação, contribuíram com importantes dados do processo lingüístico (e conseguiram ultrapassar esse universo fechado para indicar a importância correspondente de relações contextuais). A redundância, o ruído, o conceito de equilíbrio, de retroalimentação e o controle automático em sistemas informacionais (pleacibernética) se somaram à contribuição dos psicólogos sociais que se dedicaram aos efeitos da comunicação, especialmente na dinâmica interpessoal. A lingüística sociológica ampliou as situações de fala para diferentes comunidades e o antropólogo lingüista introduziu a preocupação de contexto cultural (bem mais amplo que o código verbal). Da soma de todos os esforços científicos, hoje se pode contar com alguns extratos de comunicação teorizada: a relação dos signos entre si, o interior das mensagens e suas redes no tempo e no espaço (o forte dos matemáticos e de grande parte dos lingüistas); a relação dos signos com as coisas, a semântica, onde se realizam mais os antropólogos e os psicólogos do que os matemáticos; e a pragmática traduzindo relações dos signos com as pessoas, suas reações à comunicação, onde os sociólogos (especialmente da linha norte-americana) se dedicam mais. Na extensão bibliográfica desses conhecimentos, fica difícil escolher modelos. Entretanto, pela própria natureza do que fundamentei como informação jornalística, a análise da língua escrita, con-

---

24. Alfred Smith, *Comunicación y Cultura*, Buenos Aires, E. Nueva Visión, 1972.

tida na mensagem, precisa fugir de uma lingüística fechada na formulação e, portanto, não enfatizar os modelos de teoria matemática da informação e da clássica lingüística estrutural. Como óptica de trabalho, a adesão natural ao *contexto da significação* — assim como no estudo semiológico do ato comportamental — a mensagem deve ser analisada num *continuum* que se amplia dos signos para as relações contextuais; também na mensagem jornalística é preciso utilizar um critério semelhante, já que ela vem ou está contida num *continuum*, comunicação de massa. Não se torna viável estudar o código lingüístico realmente como um código comparável ao código digital de sinais de trânsito. Pierre Guiraud[25] prefere repertório, exatamente exprimindo essa dúvida. E nesse repertório "a semantização aparece como a primeira e a última codificação da comunicação, consiste em transformar as formas acústicas da mensagem em um novo sistema de relações, que constituem o pensamento".[26] Naturalmente o pensamento está interligado com uma série de associações. Um repertório lingüístico não pode, pois, ser estudado em si, exclusivamente, na busca de unidades discretas objetivas. Isso transposto para a mensagem jornalística leva, evidentemente, a uma tentativa de categorização qualitativa de unidades da mensagem que relacionem todo o seu contexto significativo.

Como na idéia de código está implícito um sistema de convenções e elas são explícitas (exemplo, o sistema numérico) já aí esbarramos para manter essa idéia com relação à linguagem e em particular à formulação lingüística do jornal. "Na linguagem comum, a convenção nunca está dada nem explicitamente formulada",[27] há um acordo estabelecido e interiorizado pela experiência social, que é mais ou menos ajustado segundo as circunstâncias. Essa fluidez dos padrões de código lingüístico é que leva a que a linguagem gramatical (tentativa de fechar o universo em normas estabelecidas) não se realize em estado puro. Há aqui uma encruzilhada de código/não código, uma contradição dialética entre necessidade de codificação e sistemas de codificação para tornar possível a comunicação social e, ao mesmo tempo, a possibilidade potencial de constantes readaptações ao sistema, o que leva Mikel Dufrenne a concluir que a linguagem é incerta em seu futuro, dividida em seu ser entre natureza e convenção, dividida entre presença e representação do que significa, entre a plenitude de um sentido vivido como presença e a exaustão de um sentimento representado fora de todo conteúdo intuitivo, entre

---

25. Frédéric François e outros, *El Lenguage, La Comunicación*, Buenos Aires, Ed. Nueva Visión, 1973.
26. Pierre Guiraud, "Lenguage y Teoría de la Comunicación", *in* obra citada na nota 25, p. 166.
27. *Idem* nota 26.

a poesia e a lógica. Numa posição complexa como a da linguagem, realmente é impossível estudar o "código" lingüístico do jornalismo impresso, em si, em suas relações de sistema convencionado, em unidades digitais.

A tentativa de categorização no plano de *estrutura narrativa*, universo *lexical* e *relações sintáticas* e *apelos lingüísticos* da mensagem se enquadra numa perspectiva *estilística* contextual, e não numa abordagem semiológica de lingüística estrutural ou na precisão matemática da teoria da informação. Para o momento, sem querer desvalorizar as importantes contribuições dessas áreas, começo por estudar no *repertório* lingüístico do jornalismo impresso um *estilo* de formulação da mensagem estreitamente relacionado ao próprio conceito de informação e às categorias de angulação, edição e captação.

Para os lingüistas, a pesquisa estilística é, nas palavras de Nils Erik Enkvist,[28] "a descrição científica de certos conjuntos de estruturas lingüísticas que ocorrem no texto". Para o crítico literário, interessam as reações do leitor e os estímulos de textos anteriores ao criticado. Enkvist situa historicamente os conceitos de estilo, primeiro nas teorias estéticas. A corrente Croce não admite a divisão em unidades, defende um *continuum* da expressão individual; os neolingüistas italianos filiados a Leo Spitzer se interessam pelo estilo ligado ao ambiente cultural (a abordagem é o estudo das reações e os estímulos que as provocam, para Spitzer); outra concepção ligada às etapas da comunicação procura ver o ponto de vista do escritor (posição de Goethe), as características textuais objetivas e as impressões do leitor; em outro agrupamento de oposição sistemática, ou se fazem enunciados sobre estilo objetivamente verificáveis, ou enunciados subjetivamente impressionistas; de Kenneth Surke (1954) vem outra escola de estudos que vê o estilo como a forma de dizer alguma coisa de maneira mais eficaz. O autor sistematiza seis conceitos possíveis, resultantes dessa experiência histórica de estilística:

1. O estilo seria a concha que cerca o núcleo de pensamento ou expressão preexistente.
2. O estilo é a possibilidade de escolhas alternativas.
3. O estilo é o conjunto de características individuais.
4. O estilo é o desvio da norma.
5. O estilo é o conjunto de características coletivas.
6. O estilo representa as relações entre entidades que sejam formuláveis em termos de textos mais extensos que a sentença.

---

28. Nils Erik Enkvist, "Definindo Estilo", *in* John Spencer e Michael y Gregory, *Lingüística e Estilo*, São Paulo, Cultrix, 1970.

De todas as posições pode-se retirar dados e contestar sua fluidez. A última se aproxima de um método mais sistematizado, porque prevê para comprovação estilística certas unidades em relação, que não são as mesmas da lingüística. Archibald A. Hill define mais claramente essa posição: "Todas as relações entre as unidades lingüísticas que sejam exprimíveis ou que possam ser exprimíveis em termos de amplitudes maiores do que as que se enquadram dentro dos limites da sentença. O estilo de um texto é o conjunto de probabilidades contextuais dos seus itens lingüísticos." [29] Este conceito implica o domínio de um sistema implícito de itens lingüísticos de diferentes níveis (fonológicos, morfológicos, léxicos ou sintáticos) e nas probabilidades contextuais onde se encontram. Os contextos, segundo Enkvist, também variam de contexto formal, contexto histórico da língua e contexto de situação na relação de falante e ouvinte. O primeiro era a preocupação principal dos formalistas russos, tanto que o modelo de análise que V. V. Vinogradov [30] propõe é o estudo dos objetivos estéticos particulares criados pelo autor, os agrupamentos desses objetos em ciclos na própria obra do autor e a "simbólica" de épocas. Embora a restrição dos formalistas ao objeto estético não sirva como modelo único, o conceito de *lexema* fica como o elemento muito importante de análise. Segundo Vinogradov, é a unidade semântica da palavra ligada a um certo sinal (vocábulo), sendo a palavra a totalidade das significações e suas nuanças de que temos consciência ao menos virtual. "A palavra é um aspecto do lexema, realizada numa frase dada e numa situação dada." [31] Mas, além do lexema como unidade do contexto formal, interessam, para o estudo do estilo jornalístico, outros elementos para a análise do contexto histórico e, sobretudo, o contexto de situação, já que a relação falante/ouvinte ou emissor/receptor é centro do próprio processo de comunicação indireta. Por isso permaneço com o modelo de Enkvist que desdobra em algumas possibilidades abertas de sistematizar a análise do estilo (tomado naquele conceito de conjunto de probabilidades contextuais dos itens lingüísticos). Alguns esquemas que o autor abre:

1. *Contexto textual* — plano lingüístico fonético, fonológico, morfológico, sintático, léxico; pontuação, emprego de maiúsculas; esquema composicional.
2. Relação do texto com as porções textuais adjacentes pela disposição gráfica.
3. *Contexto extratextual* — período histórico, tipo de discurso, gênero; falante/escritor & ouvinte/leitor e a relação deles;

---

29. *Idem* nota 28, p. 42.
30. V. V. Vinogradov, "As Tarefas da Estilística", *in* Eikhenbaum e outros, *Teoria da Literatura — Formalistas Russos*, Porto Alegre, Globo, 1971.
31. *Idem* nota 30, p. 91.

estudos destas variantes de relação quanto a sexo, idade, família, educação, classe, *status*, experiências com o contexto de situação, gestos, dialeto, língua.

E para sistematização da análise, o autor levanta o método comparativo que deve cruzar as relações contextuais. A dificuldade nesta análise estilística é ter unidades de trabalho. Para isso, Enkvist formula os *marcadores* que servem para o agrupamento de itens lingüísticos. Os marcadores são "aqueles que apenas aparecem ou que são muito pouco ou pouco freqüentes num grupo de contextos".[32] Neste caso, a escolha estilística é simplesmente o uso, determinado pelo contexto, de marcadores de estilo.

O modelo é muito próximo de meu interesse ao formular subcategorias da formulação lingüística da mensagem. O que preciso para articular essa categoria com as demais (angulação e captação da informação jornalística) é de marcadores de estilo, manifestos pela freqüência e indicadores de uma significação textual, extratextual e de situação, no caso, a situação tipo cultura de massa. Como não há um modelo expressamente criado para a mensagem jornalística, sou obrigada a arriscar algumas subcategorias de análise, ditadas pela observação sistemática da formulação lingüística do jornal brasileiro contemporâneo e pelas fundamentações até agora desenvolvidas no plano teórico. Já justifiquei por que, em se tratando de uma componente estrutural das três que levanto, não uso o modelo de lingüística estrutural. Numa primeira abordagem, o modelo estilístico é mais viável.

Esse modelo estilístico ainda pode ser considerado um desdobramento que utilizei e deu resultado: a microestilística da frase jornalística e a macroestilística da seqüência de frases na matéria jornalística. As pesquisas realizadas nesses dois níveis, levantando marcadores de cada um deles, se comportam de uma forma paralelamente significativa com problemas e constatações semelhantes, o que prova que micro (frase) e macroestilo (estrutura de matéria) são apenas divisões para estudo.

---

32. *Idem* nota 30, p. 51.

PARTE IV

FORMULAÇÃO VERBAL
(SUBCATEGORIAS)

1. Subcategorias da Macroestilística

> "*O repórter* expedindo no dia-a-dia suas matérias em sua mesa de redação, acaso se reconhecerá em uma análise de impulsos dramáticos, de seqüências, de funções ativas e expressivas etc.?".[1]

Jules Gritti, ao desenvolver um modelo de análise estrutural de uma edição jornalística, reconhece que, na práxis, o comunicador aplica determinados padrões que não são, na maioria das vezes, conscientemente procurados. Mas o que tem de importante neles, quando enfocados no seu valor contextual, é que refletem todas as relações com a angulação, a edição e a captação. À primeira vista, a formulação verbal parece preencher um postulado — relatar o acontecimento. Mas relatar acontecimentos, fazer uma narrativa, é uma vivência universal, inerente a todos os tempos históricos em que o homem manteve relações de aproximação com outros homens. E sempre narrar alguma história não é mais viver essa história. O fragmento de tempo posterior que a narrativa representa é a passagem fundamental para uma realidade substitutiva, um esforço de prolongamento do instante anterior, de certa forma sempre intencional e articulado. O que significa que essa vivência substitui a vivência anterior e, por isso, a narrativa é um universo simbólico com características e funções que merecem um estudo à parte. E tanto faz que se trate de uma narrativa inteiramente ficcional como uma narrativa jornalística, que pretende ser referencial. "À diegese de um conto, de uma obra dramática, de um filme... parece diferir da de uma narrativa de jornal: a primeira emana de uma criação fabuladora, a segunda é comandada pelo dia-a-dia do acontecimento; na primeira, o suspense é manipulado, na segunda, aparece inteiramente dado." [2]

---

1. Jules Gritti, "Uma Tentativa de Imprensa: Os Últimos Dias de um Grande Homem", *in* Roland Barthes e outros, *Análise Estrutural da Narrativa*, Petrópolis, Vozes, 1971, p. 165.
2. *Idem* nota 1, p. 165.

No entanto essa aparência de contigüidade ao acontecimento realmente é falsa, porque o acontecimento vivido se transforma numa notícia; no caso, uma notícia verbalizada e que imediatamente passa a se submeter às categorias narrativas disponíveis ou em formação. O que Gritti chama de eixo de transitividade e funções ativas, isto é, o esforço de dizer o que aconteceu numa relação referencial e contígua, se envolve automaticamente de funções expressivas, substitutivas — do fato à notícia, há a diferença da contigüidade da ação social para a substituição de uma narrativa. E Jules Gritti levanta a hipótese lingüística de que nessa situação mais uma vez se verifica a projeção do paradigma sobre o sintagma. Uma prova de que a notícia, do ponto de vista do relato, não é mais o próprio fato imparcialmente referenciado, são as próprias variações de narrativa de jornal para jornal. De um lado, essas variações refletem outras categorias estruturais, como a angulação de cada jornal, a edição, a relação interpretativa primária do repórter com a realidade; de outro lado, refletem variantes do próprio universo de narração. Quanto a este último, torna-se fundamental escolher um ângulo de análise para abordá-lo: ou se trabalha com modelos estruturais, ou modelos literários, ou modelos de sociologia da arte, ou modelos estilísticos. Das muitas possibilidades abertas e pouco instrumentadas, já situei a preferência no esquema de Enkvist e seus indicadores contextuais. Também há muitas subcategorias, mas três delas são essenciais pela freqüência de problemas que propõem na mensagem jornalística escrita: 1) seqüência informativa e ritmo narrativo; 2) narrador e relação narrador/fonte; 3) a cena e o real concreto; 4) apelos particulares.

2. Seqüência Informativa e Ritmo Narrativo

É impossível tratar de ritmo narrativo na matéria jornalística sem se remeter à experiência-mãe de formulação verbal na ficção. Se o jornalismo cresce em seu próprio universo narrativo, ainda está muito ligado por contingências históricas à criação literária. A tradição narrativa do romance, por exemplo, dá algumas chaves dos esquemas de seqüência informativa na reportagem. Antes de falar de jornalismo, é bom retomar o quadro proposto por Edwin Muir.[3] Segundo ele, a forma mais simples de ficção em prosa é a história, que registra uma sucessão de acontecimentos, em geral maravilhosos. O primeiro esboço de romance de ação parte daí e vai se construir com uma ênfase muito particular — a surpresa do que vai acontecer, ou "viver perigosamente e contudo estar a salvo".[4] Uma saída pos-

---

3. Edwin Muir, *A Estrutura do Romance*, Porto Alegre, Globo, 1971.
4. *Idem* nota 3, p. 10.

terior se configura no romance de personagem: a ação passa a servir aos personagens e exibir seus vários atributos, que estão lá desde o começo. Nesta categoria narrativa, trava-se a luta entre narrador e personagens e as primitivas experiências demonstram que o narrador duvidava que seus personagens fossem capazes de despertar interesse por si, e por isso introduziam a narrativa de aventuras, uma história excitante conduzida pelo narrador. Tanto no romance de ação como no romance de personagem, se toma como tácita a transposição para um mundo irreal. A terceira tendência, o romance documental de época introduz a preocupação obsessiva de contigüidade, de referenciação realista. "A diferença essencial da récita para o romance de época é que a primeira aconteceu, o segundo acontece" e as experiências realistas quiseram levar ao último extremo a fidelidade ao real. Essa moda, para Muir, "degradou" a narrativa artística querendo aproximá-la com a jornalística:

"O enredo do romance é tão necessariamente poético ou estético quanto o de qualquer espécie de criação imaginativa. Será uma imagem da vida, não um simples registro da experiência, mas sendo uma imagem inevitavelmente observará as condições que sozinhas tornam a imagem completa e universal, e estas se reduzem a uma representação da ação predominantemente no tempo ou predominantemente no espaço. (...) Se na maioria dos romances esta transformação não acontece, não sabemos o que pensar; não são literatura mas apenas confissão. Se de novo no romance epocal o escritor se satisfaz em pintar um quadro das mudanças contemporâneas da sociedade, sabemos mais uma vez que isto não é literatura, mas jornalismo." [5]

Edwin Muir diferencia jornalismo e literatura por um ângulo ambíguo — a narrativa referenciada a um conteúdo externo da realidade social. A partir daí, caímos numa discussão interminável porque hoje, mais do que nunca, o universo de narração perde os nítidos contornos, na medida em que a criação artística se confunde com a cultura de massa. O que realmente interessa do esquema de Muir, embora aplicado ao romance inglês, são as três abordagens narrativas básicas, uma experiência que não é apenas dos artistas mas, antes de mais nada, de signos narrantes que documentam a relação escritor-leitor/ouvinte-narração. Evidentemente o jornalismo, inscrito na indústria cultural, teria de aproveitar e aproveita fórmulas verbais experienciadas numa tradição histórica.

Antes de entrar numa tentativa de mostrar certos indicadores de narrativa jornalística, desenvolvida e apoiada a partir da narrativa

---

5. *Idem* nota 3, pp. 88-89.

literária de prosa, há um outro modelo a considerar. Roland Barthes,[6] numa posição semiológica fundamentada, não admite outro método de análise da narrativa que não o dedutivo da própria estruturação. Diante de vários níveis de descrição dessa narrativa — fonética, fonológica, gramatical, contextual —, ele propõe uma hierarquização de níveis — num plano as *relações distribucionais*, internas, no mesmo nível; noutro plano as *relações integrativas*, de um nível com outro. Ou seja, a narrativa num eixo horizontal (como o sintagmático) e num eixo vertical (paradigmático). O modelo Roland Barthes estabelece três níveis de análise: o das funções (aproveitando Popp e Bremond), o das ações (Greimas quando fala dos personagens como actantes) e o da narração (ou discurso para Todorov). Em cada nível, as classes de unidades distribucionais e de unidades integrativas, mais subclasses funcionais e indiciais. A norma de raciocínio é levantada da lingüística, e o comportamento de análise segue a seqüência sintática, procurando as relações de tempo (contigüidade) ou de lógica (substituição) — ou, em termos mais simples, descrever a "ilusão cronológica" da narrativa. Barthes cria um esquema rigoroso, mas, no momento, fica impraticável adequá-lo à estrutura da mensagem jornalística, tal como vem sendo conduzida até aqui. Da preocupação sistemática de Barthes, é possível extrair o dado níveis de descrição e hierarquização dos níveis numa relação integrativa. Trabalho aqui com a relação integrativa de quatro níveis componentes da mensagem — angulação, edição, captação e formulação verbal — e em cada um deles, suas relações distribucionais (dentro do nível) e relações integrativas (do nível com os demais). No caso da formulação verbal, as relações distribucionais se ligam à continuidade da formulação verbal da língua, da literatura em prosa e da transposição jornalística; e as relações integrativas mostram que essa formulação tem significação contextual na articulação com os outros três níveis. A aplicação do modelo pareceria muito rústica para a lingüística estrutural, mas no momento é instrumental para uma primeira abordagem.

Passando então à seqüência informativa e o ritmo narrativo da mensagem jornalística, em observações sistemáticas encontramos alguns indicadores básicos da continuidade da experiência literária, mas da experiência literária projetada no jornalismo industrial e, portanto, na cultura de massa. A estruturação de informações mais freqüente na notícia imediata opta quase sempre por fórmulas de um consumo fácil: a *cronologia do acontecimento* e sua reprodução é o caso mais típico, o que se chama "ilusão cronológica" ou tentativa de recomposição do real referenciado. A maior parte das notícias que se

---

6. Tom Wolfe, "Why They Aren't Writing Anymores the Great Novel", Rev. Esquere, dez. 1972.

remetem a um fato acontecido só utilizam essa seqüência de informações. As unidades se seguem, não no tempo real, mas num tempo ficcional cuidadosamente gradativo. A seleção dos momentos, por si, já mereceria uma pesquisa à parte, porque reflete todo o esquema de substituição do real pelo real representado e a valoração do que se extrai como momentos significativos para comporem a cronologia da notícia. Num esforço de aparente objetividade, alguns jornais que se preocupam com a imagem de credibilidade das informações remetem os dados a um gráfico de horas. Por exemplo, o programa de atividades de uma personalidade importante que visita o país é noticiado numa pequena matéria cronológica, aposta a horários. A unidade de tempo segue vários princípios, da hora, minutos, até o tempo fluido de fases históricas. O fundamental é que a estruturação cronológica é utilizada, nos jornais, não só como uma forma simples de narrativa, de grande domínio público (basta ver a narrativa infantil que coordena etapas cronológicas por um *e* constante), mas também como uma forma de afirmar a validade objetiva do fato anunciado. A cronologia tem, assim, uma carga subjacente de credibilidade, como se o tempo reconstituído fosse o indicador mais seguro de que a representação é fiel. Nesta seqüência informativa há, portanto, a presença de uma significação contextual da captação (relatar o real), da edição (afirmar um serviço de informação) e da angulação (render credibilidade para a empresa que "vende" a notícia). No nível interno da própria narrativa, a seqüência cronológica se apóia numa experiência tradicional da história oral e escrita, comportamento verbal do homem que se referencia a um fato ocorrido em sua vida ou na vida dos outros.

Uma construção lógica, não direta, de narrativa noticiosa é a que se monta numa forma linear, onde as informações decorrem de uma ordem crescente ou decrescente de importância, o que os manuais técnicos chamaram de "pirâmide invertida". As unidades de informação seguem um modelo consagrado e até transmitido formalmente. O jornalista aprende a ordenar suas notas num esquema intencional. Esta ordenação é uma conquista no jornalismo da fase liberal, levanta toda a significação dos critérios grupais de valorização do que é importante ou não no fato. A seqüência linear por importância das informações dirige para o leitor uma escala de dados previamente escolhidos para serem valorizados. A seqüência se compromete, em primeira instância, com a avaliação opinativa grupal — critérios de ordenação tradicionais na empresa jornalística. Sentimos isso claramente manifesto nas empresas mais tradicionais, que não entraram numa era de jornalismo industrial e estão se adaptando aos poucos aos critérios-massa. (A pirâmide invertida é freqüente em *O Estado de S. Paulo* ou no *Jornal do Brasil*.) Em segunda instância, esta seqüência está ligada à experiência literária lógica de

103

montar a ação num ritmo crescente ou decrescente em função de tensões de surpresa e engajamento emocional (no ritmo crescente) ou distensões (no ritmo decrescente). Apesar da fórmula ser lógica, construída numa racionalização, o seu resultado se presta também para uma angulação de consumo em grande escala pelo facilitismo que representa. Geralmente a pirâmide invertida economiza espaço e esforço de leitura. Os americanos teorizaram a fórmula como uma maneira do leitor ler as primeiras linhas da informação e poder desistir de ler o resto. Nesta seqüência de ritmo calculado, a representação do fato torna-se evidente, não há como esconder uma interferência que *arranjou* o tempo e o espaço na mensagem. Por suas intenções, se articula com a angulação grupal e empresarial; por seu facilitismo de consumo direto, tem sucesso no nível-massa. Se causa desconfiança pelas intenções, compensa pelo acesso à decifração. Acontecimentos políticos como a cobertura da guerra árabes x israelistas dão inúmeros exemplos desse ritmo narrativo. Quando ficou muito evidente a ênfase na reportagem de Israel (num destaque até gráfico), o *Jornal da Tarde* passou a usar dois blocos paralelos nas páginas — um de informações da guerra pelos árabes; outro da guerra pelos judeus —, mas a narração permanecia predominantemente montada na linearidade "acrobática" de dados significativos. No nível interno de narração, este procedimento também tem sua origem ligada à elitização do contador de histórias: à medida que domina, no plano lógico, sua arte de reportar os fatos, escolhe-os numa montagem de decorrência crescente ou decrescente.

Com a abertura de espaços geográficos e possibilidades de tempo objetivo e subjetivo que o mundo contemporâneo e as culturas modernas ampliaram, também a reportagem reúne tantas informações que, por contingência, se "atrapalha" para estabelecer a ordenação cronológica ou a pirâmide invertida. Aparece então a *seqüência de informações em blocos* (conhecidos em imprensa como "retrancas"), onde a montagem segue um critério de "dividir para dominar" o ritmo narrativo. Os blocos de informações, identificados por intertítulos, abrangem espaços diferentes, se o problema da matéria é ampliar os fatos em diversos locais, ou dividem os tempos básicos — presente e passado — em duas submatérias, a do fato nuclear e dos antecedentes históricos. Esta seqüência de informações é, dessa forma, resultante de uma ampliação quantitativa de informações. Representa um critério simples de edição diante de uma captação que "estoura" a notícia imediata em propósitos e palavras. Do ponto de vista de angulação, esboça uma leve superação do plano informativo para entrar aos poucos no plano interpretativo. Como solução formal, no nível interno da experiência narrativa, é como uma partição da peça única em capítulos, necessária por ultrapassar um ritmo de fôlego curto e informações reduzidas.

A ampliação de blocos de espaço e de tempo é uma transição narrativa para buscas mais requintadas, do ponto de vista de lógica intencional. O romance contemporâneo está cheio de casos que mostram o interesse de criar saídas narrativas para a complexidade da textura. Também a reportagem (e aí não mais a notícia) complica seu ritmo numa angulação interpretativa, uma edição que intencionalmente reinterpreta a realidade percebida, procurando abrir a captação em múltiplas opiniões e observações. As matérias que saem desse investimento consciente de informação não têm a linearidade de uma pirâmide invertida, a direção única de uma cronologia, nem se satisfazem com a partição em blocos. O ritmo narrativo apela, então, para planos de tempo e de espaço inter-relacionados, fundidos ou habilmente opostos. A seqüência alinear é uma construção narrativa de maior domínio formal e, por isso mesmo, mais ligada à experiência narrativa anterior e aflorando propósitos de criação. Neste tipo de reportagem estão investindo certos criadores que se dedicam à literatura e ao jornalismo, ou abandonaram a literatura e aderiram ao jornalismo como realização artística. Há toda uma corrente chamada de "novo jornalismo" que se define, inclusive teoricamente, nessa corrente.

Até aqui, as seqüências abordadas fazem parte de uma divisão que seria a de linha de ação social. São seqüência narrativas que querem reconstituir a ação social imediata em fatos jornalísticos. O centro da ação é a própria sociedade, os grupos conflitivos internos e as manifestações gerais de países e continentes. Assim como no romance, também na reportagem podemos acrescentar a importante divisão da *linha de personagem*. O centro então é o indivíduo que vive suas histórias particulares. Essa angulação, que é tipicamente cultura de massa no jornalismo, foi definida por Bernard Voyenne: "Humanizar um relato significa conduzi-lo num nível de generalização capaz de encontrar as preocupações do conjunto do público fazendo-o reviver a história como se fosse ele o próprio herói."[7] O autor chama também de dramatização e Jean Lohisse ao tomar este aspecto de Voyenne prefere a segunda denominação. Dramatização ou humanização é, sem dúvida, a característica dominante do ritmo narrativo de seqüências informativas anguladas pelo nível-massa. A justificação teórica está na primeira parte deste trabalho (no estudo do próprio conceito de informação jornalística na indústria cultural), e o que se ressalta aqui é a formulação narrativa. Encontramos dois rumos: ou a dramatização se faz através de um enredo montado logicamente, com etapas de surpresa (suspense) ou aventura e o personagem é

---

7. Bernard Voyenne, *La Prensa en la Sociedad Contemporánea*, Madri, Nacional, 1968, p. 136.

mais *plano*, porque se estende no fluxo de ações que o envolvem e, de certa forma, concorrem com sua individualidade; ou o personagem é *esférico*[8] e vive simplesmente um enredo aparentemente natural, espontâneo. Ora, como o personagem, neste caso, não é ficcional, é extraído da realidade imediata, normalmente o primeiro ritmo narrativo se presta para personalidades políticas e o segundo para os olimpianos do mundo artístico e "social". Nas matérias de perfil político, por exemplo, se procura colocar o tipo a viver a trama social e política: a construção é lógica, montada nos fatos mais significativos. Nos perfis de olimpianos, a captação tenta construir uma ambiência espontânea e rodear a esfericidade contraditória, fluida e ambivalente do tipo. Para a dramatização, os modelos de narrativa são obrigatoriamente mais complexos que o trivial de imprensa. A verdade é que esse ritmo narrativo tem entrado no mercado como a grande fórmula de consumo e há gradações qualitativas no nível interno de ritmo: das mais requintadas que reconstroem a espontaneidade com domínio estilístico ou constroem um perfil numa narração lógica bem montada até os perfis rústicos de redatores iniciantes sem tradição formal, que contam trejeitos e descrevem comportamentos, atitudes dos personagens com recursos improvisados (geralmente uma adjetivação desatualizada). A dramatização tem sua história na literatura, no teatro, na representação oral popular; é inspirada nos valores da narrativa tipo do nível-massa, mas sua história é muito anterior no que se refere a artesanato formal

Dentro do nível grupal da mensagem jornalística, as seqüências de informação opinativa geralmente seguem os princípios clássicos de um ritmo demonstrativo de argumentos. A rigidez formal (narrativa) da grande parte dos editoriais comprova essa tradição pouco movimentada pela cultura de massa. A estruturação clássica — lançamento do problema, discussão das variantes, encaminhamento de conclusões pela demonstração de razões — um estilo acadêmico, fechado numa logicidade de grupos pensantes bem definidos. Os artigos da página editorial, especialmente das "elites" opinativas, não fogem à regra. Já os comentaristas internacionais movimentam ritmos narrativos bem mais variados, na medida em que são veiculados pelas grandes agências e devem responder à dinâmica de consumo do nível-massa. Observa-se que suas narrativas se abrem de um discurso argumentativo para o discurso dramático ou épico, onde as conclusões opinativas são parte inerente à ação que conduzem. E criam escola, como um James Reston. Afirmam-se aí os lidertipos da criação narrativa. Mas onde aparecem mais tentativas de dinamização do ritmo das seqüências de carga opinativa é nos comentários de espetáculos

---

8. "Personagem Plano e Personagem Esférico", categorias de Edwin Muir, citado na nota 3.

e arte e nas colunas sociais ou policiais. Por lidarem com informações de ação imediata e não apenas julgamentos lógicos sobre acontecimentos mais perenes, os colunistas "inventam" um pouco mais no ritmo narrativo de suas argumentações. O caso de Telmo Martinho, no *Jornal da Tarde*, ou Tarso de Castro, na *Folha de S. Paulo*. Mas realmente há um lugar e um respeito nos jornais para o estilo acadêmico (editoriais de *O Estado de S. Paulo*) de argumentação dos "apreciadores" da vida cotidiana. Exceto, quando aparece um estilista por excelência como Nélson Rodrigues, em quem importam menos os argumentos que utiliza do que a riqueza de seu ritmo narrativo. A era dos cronistas (Fernando Sabino, Rubem Braga, Clarice Lispector, Carlos Drummond, Vinicius de Moraes, Rachel de Queiroz, Paulo Francis, Paulo Mendes Campos) da década de 60 introduziu uma variável narrativa importante, mas ela era tão aposta às matérias opinativas e informativas comuns das páginas de jornal, que se identificou como "interferência" literária. No jornalismo urbano industrializado, Rio e São Paulo, se mantém até hoje essa separação de seqüências narrativas informativas, referenciais e as ficcionais que a crônica utiliza, mesmo depois de fatos importantes, como o *Pasquim* (Rio).

3. Relação Narrador/Fonte

"A narrativa de imprensa — notadamente nos jornais diários — caracteriza-se enfim por uma espécie de jogo meta-narrativo, o das relações entre o narrador e fontes de informação." [9] À observação de Gritti faltou acrescentar o elemento do jogo — o leitor/ouvinte da informação. Na realidade há três elementos a considerar na textura meta-narrativa que Roland Barthes define melhor como o agente narrativo, os *actantes* (no caso do jornalismo, as fontes, os tipos humanos do fato narrado) e a estrutura paradigmática: sujeito/objeto, doador/destinatário, adjuvante/oponente. Barthes recusa uma discussão em termos de funções do narrador e seu papel de referenciar a realidade para o leitor, porque a partir do momento que usa de um universo narrativo, não é mais a realidade e não está sujeito às regras da mesma, mas às regras próprias da "realidade narrativa" interna. Então as relações possíveis, dentro da narração, são de instância pessoal — EU/TU — e de instância impessoal — ELE. Para o autor, o melhor é conservar as categorias gramaticais da pessoa (acessíveis pelos pronomes) e que darão a chave do nível de ação, articulado com o da narração. O processo, reconhece de imediato, é simples trama de comunicação — um doador e um beneficiário.

---

9. *Idem* nota 1, p. 172.

Nessa trama de comunicação os signos do narrador são muito mais declarados do que os do ouvinte. Estes são subjacentes, o que leva Gritti só a considerar a relação narrador/fontes na imprensa. Mas os signos do ouvinte, embora subjacentes, fazem parte de todo o esquema de montagem da informação jornalística e mesmo no produto final — narração — representam os olhos e ouvidos constantemente atendidos.

Quem é o doador da narrativa? A experiência literária reúne três respostas que Roland Barthes critica como exteriores ao discurso narrativo em si: a) a pessoa/autor e sua expressão do *eu*; b) a consciência total, aparentemente impessoal, um ponto de vista superior — um narrador ao mesmo tempo dentro e fora de seus personagens; c) um narrador (mais recente, a partir de Henry James, Sartre) que deve limitar sua narrativa ao que podem observar ou saber os personagens — tudo se passa como se cada personagem fosse, um de cada vez, o emissor da narrativa. Barthes elimina o modelo porque parte do nível referencial. No nível estético da literatura, prefere aderir à equação de J. Lacan — quem fala (na narrativa) não é quem escreve (na vida) e quem escreve não é quem é: "O sujeito do qual falo quando falo é o mesmo que aquele que fala?" [10] Como conclusão, Barthes prefere o modelo lingüístico simplificado — a pessoa, EU e a não-pessoa, ELE. E muitas narrativas num ritmo muito rápido misturam numa mesma frase o pessoal e o apessoal: "Hoje, escrever não é narrar, é dizer que se conta e relacionar todo o referente (o que se diz) a este ato de locução; é porque uma parte da literatura contemporânea não é mais descritiva, mas transitiva, esforçando-se por realizar na fala (parole) um presente tão puro, que todo o discurso se identifica com o ato que o produz, todo *logos* sendo reduzido — ou estendido — a uma *lexis*." [11]

A análise de Barthes para a literatura não é totalmente aplicável ao jornalismo. O modelo que ele critica, por não servir para o discurso literário, ainda é válido para o discurso jornalístico. Como já foi salientado, não se pode recusar simplesmente o nível referencial do fato noticiado, mesmo tendo consciência que a narração é substitutiva da realidade e não contígua. A posição do narrador e suas relações com as fontes, o diálogo de informação e suas relações com o leitor, como intermediário da narrativa, permanecem no jornalismo, mais importantes do que o comportamento de pessoas gramaticais, puramente lingüístico. Nestes termos, o modelo tradicional da crítica literária serve diretamente. A *expressão do eu*, um indicador de pessoalidade na mensagem, se localiza naquele narrador, bastante

---

10. *Idem* nota 1, p. 47.
11. *Idem* nota 1, p. 49.

freqüente, que conduz toda a narrativa numa perspectiva de descrição e explicação dirigida ao leitor e tratando-o não num nível de interação mas de "submissão burocrática" a alguém que tem tudo a dizer. A maior parte das notícias se comporta neste plano de centralização egocêntrica no emissor: o "autor" descreve o ambiente, extraindo só os fatos principais, introduz e explica as fontes, cita algumas falas exteriores, mas situa-as sofregamente no contexto de observações pessoais do captador. Este vestígio de pessoalidade e autoria centralizada no *eu* tende a fórmulas estáticas e a criar um certo distanciamento da descrição consciente do jornalista.

Na história estilística, a centralização descritiva no narrador vai se alterar com a presença de um primeiro plano — fatos e não julgamentos gerais sobre o acontecimento. E o ponto de vista dito "superior" em literatura, aquela narração intensa de fatos com a presença diluída de um narrador que domina vários *fronts* externos e internos da ação, vai substituir o narrador descritivo e egocêntrico tradicional. As grandes panorâmicas de ações simultâneas, de fatos e fontes complementares de reportagens, apresentam esse tipo de narrador. A reportagem de grande contexto social vale-se desse narrador diluído em muitas fontes. Ele está ali, muito presente, conduzindo a narrativa, mas não de forma ostensiva numa descrição pessoalizada. As falas dos entrevistados são abundantes e a técnica de interação deixa de ser flagrantemente indireta ("fulano declarou que...") para se relacionar com o momento adequado da narração — entra espontaneamente na cena que justifica a fala, sem o narrador forçar sua presença por fórmulas explicativas. A técnica exige maior habilidade e se filia naturalmente a uma narração procurada, muitas vezes inspirada no romance épico. Os temas angulados neste tipo de reportagem e de narração são problemas sociais e a informação se filia à clássica corrente de responsabilidade social. O narrador assume, então, o papel de "grande intermediário" ou "importante filtro" da sociedade atual.

Na dramatização — nível-massa por excelência — o narrador descobriu a fusão no personagem, o que Tom Wolfe [12] chama "third point of view": "(...) a técnica de apresentar cada cena para o leitor pelos olhos de um personagem particular, dando ao leitor a sensação de estar dentro do pensamento do personagem e sentindo a realidade emocional da cena como ele a sentira. Os jornalistas freqüentemente usaram o ponto de vista da primeira pessoa — 'Eu estava lá' — como os autobiógrafos, escritores de memórias e romancistas. Entretanto, isto limitava o jornalista, pois procedendo assim levava o leitor para dentro do pensamento de apenas um personagem

---

12. *Idem* nota 6.

— ele próprio — um ponto de vista que freqüentemente era irrelevante na história e irritante para o leitor. E como um jornalista poderia, escrevendo não-ficção, penetrar precisamente nos pensamentos de outra pessoa? A resposta era extremamente simples: entrevistá-lo sobre seus pensamentos e emoções, além de todas as outras coisas. Foi isto que Gay Talese fez para escrever *Honor Thy Father*. Em *M*, John Sack deu um passo à frente usando o ponto de vista da terceira pessoa e o monólogo interior de maneira equilibrada." A fusão do narrador na situação e no entrevistado é uma construção narrativa a serviço de uma dramatização espontânea. A transferência do poder de revelar o real para a fonte de informação não é uma passividade de gravador do narrador, mas uma posição ativa de reconstrução: "A fonte de informação, ao mesmo tempo detém o código de decifrar e mediatiza o contexto. O papel do narrador vai pois mais especialmente manifestar-se pela posição que ele se outorga diante da fonte de informação." [13] Então Jules Gritti define muito bem o papel do repórter na captação, apesar da narração (produto final) parecer totalmente submetida à fonte: "De imediato, podemos emitir uma dupla constatação: a narrativa jornalística desenvolve-se antes de tudo ao nível da transitividade 'natural'; mas ela testemunha uma espantosa capacidade de 'ingurgitar' rapidamente os mais variados narrantes culturais." [14] No caso, Gritti analisa matérias de jornais franceses sobre a morte de João XXIII, mas a conclusão pode perfeitamente ser transferida para a narração de conteúdos comuns da comunicação de massa. O narrador diluído, em que desaparece o papel de condutor dos fatos, está atrás e habilmente puxa para a frente aqueles conteúdos reveladores de toda a dinâmica da cultura anônima. O próprio diálogo com as fontes pode transformar-se mais num diálogo de dois indivíduos, independente de um, casualmente, ser o repórter. No nível interno do universo narrativo, é claro que esta técnica e todos os seus signos constituem o aprimoramento histórico que a literatura desenvolveu e o jornalismo só recentemente está incorporando. Nos jornais diários do Rio e São Paulo, se for realizada uma pesquisa quantitativa, facilmente se constatará que a maior parte dos comportamentos do narrador ainda é tradicional, o que demonstra que as experiências formais nem sempre se coadunam à angulação das matérias. Mas a busca dessa integração é latente, e os veículos ditos de vanguarda formal — *Jornal da Tarde*, por exemplo — lançam-se exatamente nessa busca que, na maioria das vezes, já é exercício consciente de imitação dos lidertipos de grandes centros de imprensa. O "novo jornalismo", corrente teorizada nos Estados Unidos, oferece aos discípulos atentos os critérios

---

13. *Idem* nota 1, p. 172.
14. *Idem* nota 1, p. 175.

mais contemporâneos de narrador e de narração e o *third point of view* se integra completamente na dramatização da cultura de massa.

Para realizar os intentos da angulação grupal e opinativa, permanece o narrador onisciente tradicional; para realizar a individualidade do nível pessoal, o narrador de primeira pessoa (tipo Nélson Rodrigues) ainda se mantém fiel à tradição. Desta forma, se verifica a articulação das componentes da mensagem, só desnivelada pela contingência, no caso estilística, de uma desatualização de recursos, uma defasagem entre intenções de edição e insuficiência técnica de formulação.

4. A Cena e o Real Concreto

Na mensagem tradicional, praticamente a fase anterior à implantação da imprensa no Brasil, cujos vestígios permaneceram lado a lado com o jornalismo romântico, o espaço narrativo é o do mundo racional, lógico. A realidade é transposta para construções lógicas, dedutivas, indutivas, polêmicas e revestidas de juízo de valor. O espaço racional da argumentação num artigo sobre a realidade social, sobre a realidade existencial ou sobre os conhecimentos humanos se preenche de idéias, e os fatos são transubstanciados em reflexão crítica. Neste espaço, a notícia é pré-texto. Importa muito mais o que se pensa sobre o fato. Um jornalismo iluminista tem como centro da mensagem um ritmo de argumentação demonstrativa, em lugar de narração de acontecimentos. O narrador é extremamente centralizado na sua lógica diante da vida e vale para a angulação do jornal porque representa sua ideologia. As matérias assinadas, de páginas editoriais de hoje, mantêm esse espaço.

A imprensa romântica ampliou a individualização do emissor para um outro espaço importante do "autor" de matérias jornalísticas: o mundo subjetivo das grandes emoções. Os "campeões do povo", jornalistas da tribuna, inflamam seus públicos com uma argumentação adjetivada (patriotismo, justiça, igualdade e fraternidade, amor universal). A distensão do iluminismo se esparrama num espaço livre do "coração mole". Esta mensagem partia ainda da autoria centralizada, mas tinha a vantagem de usar emoções primárias como sustentação dos argumentos. E conquistou públicos para o jornalismo sensacionalista posterior. Este vai manter o fundo emocional, mas recheá-lo de fatos extraídos do cotidiano imediato. O espaço subjetivo romântico será substituído pelo espaço externo da notícia. E como foi observado na segunda parte, isto corresponde ao início da industrialização das informações e à transformação gradativa de públicos restritos em nível-massa.

As grandes empresas jornalísticas — as tradicionalmente solidificadas, com lastro de tempo, e as recém-formadas, *arrivées* na fase de industrialização — vão se dividir na nova era de um espaço narrativo exterior, a era da notícia. As empresas mais enquistadas no jornalismo de grupos político-econômicos nacionais partem para a defesa de um noticiário "equilibrado", contido: a pretensa objetividade dos fatos, descarnados de emoções. A notícia direta que deve responder ao quem, que, onde, quando (ao por que, nem sempre). O jornalismo informativo de empresas como *O Estado de S. Paulo* e o *Jornal do Brasil*. Mas as empresas de sangue novo, que entram diretamente na conquista do grande mercado de massa, não estão muito comprometidas com grupos de leitores escolhidos num tempo histórico, se lançam na notícia emotiva. Uma mistura de espaço subjetivo do romantismo com o espaço externo dos fatos sociais. O jornalismo sensacionalista de *Última Hora* e seu triunfo na década de 50 é o melhor exemplo.

Na primeira formulação narrativa (a notícia objetiva) predominam critérios seletivos, o fato é narrado nos seus grandes traços externos e, naturalmente, a angulação da empresa jornalística e de seu grupo determina quais os grandes traços. Então torna-se comum noticiar desta ou daquela forma, este ou aquele assunto; ou deixa-se de noticiar certos fatos porque se julgam inconvenientes (caso dos suicídios). Na tendência sensacionalista, ocorre a desenfreada busca de fatos e quanto mais tensos, melhor — daí a importância da crônica policial. Mas esta fase, que se prolonga até hoje em muitos jornais, como *Notícias Populares* em São Paulo, deixa uma experiência decisiva no espaço narrativo da mensagem: a realidade referenciada por notícias fatuais invade as páginas, em detrimento das opiniões individualizadas.

O jornal atual dos grandes centros urbanos reflete essa herança: o espaço predominante da narrativa é ocupado por fatos, situações, vivências externas ao mundo particular do jornalista. E surge então a preocupação de coleta de dados mais evidentes — o *real concreto*. O reforço da narrativa está hoje centralizado não mais no mundo lógico do autor, nem nas emoções particulares do poeta da realidade, mas nos detalhes do contexto exterior que o repórter vai "caçar". Roland Barthes, num artigo sobre o *efeito do real*,[15] critica na literatura um movimento correspondente ao do jornalismo. Para ele, o detalhe concreto da narrativa reforça a ilusão referencial. Como Barthes não admite a função referencial na literatura, considera uma ilusão o esforço do escritor em reproduzir detalhes

---

15. Roland Barthes, "O Efeito do Real", *in* Roland Barthes e outros, *Literatura e Semiologia*, Petrópolis, Vozes, 1972.

concretos. Mas no jornalismo não há como negar uma função referencial. E Tom Wolfe, num artigo revoltado — em defesa das novas correntes jornalísticas que fazem da reportagem uma peça realista — considera essa técnica narrativa fundamental, "sempre a menos entendida".

> "É o relato das ações do dia-a-dia, hábitos, maneiras, costumes, estilos de móveis, vestuário, modos de viajar, de comer, cuidar da casa, atitudes em relação às crianças, empregados, superiores, inferiores, iguais, mais os diversos olhares, olhadelas, poses, modos de andar e outros detalhes simbólicos que possam exitir numa cena. Símbolos de quê?, símbolos geralmente do *status* de vida das pessoas, usando este termo no sentido amplo dos padrões reais de comportamento e posses através dos quais as pessoas expressam sua posição no mundo ou o que pensam dele ou o que esperam que ele seja. O relato desses detalhes não é apenas um enfeite na prosa. Está tão próximo à fonte do poder do realismo como qualquer técnica literária."[16]

E o jornalista norte-americano faz, a partir daí, uma apologia à literatura realista, porque descobriu a importância do real concreto na comunicação de massa. Segundo Wolfe, o jornalista precisa voltar às fontes do romance realista que os escritores contemporâneos rejeitam. O artigo é polêmico, sobretudo no que se refere a juízos literários, mas Tom Wolfe representa uma defesa sintomática do novo jornalismo.

A corrente tradicional, que defende a notícia descarnada e a bandeira da objetividade, não vê com bons olhos esse espaço narrativo povoado de detalhes concretos. A cena ou situação peculiar onde se encontra um entrevistado; o jeito de se vestir, de comer ou de falar; a casa e os utensílios, os sonhos e ilusões de uma figura intelectual — para os jornalistas da cultura de massa, são símbolos muito importantes. Para os jornalistas ortodoxos, é um pseudo-relato. Para a corrente política de esquerda, é uma narrativa anedótica alienante.[17] Como sair destas avaliações?

O que realmente se observa é que o espaço exterior, de detalhes concretos de uma realidade referencial, predomina na notícia e reportagem dos veículos de cultura de massa. E esses detalhes são procurados avidamente por representarem símbolos de uma realidade urbana de consumo. Estabelecem um nível de integração com a dramatização da cultura de massa. Por último, servem de apoio para

---

16. *Idem* nota 6.
17. "Categoria do Argentino Alberto Juan Verga", ao analisar o estilo anedótico da narrativa na revista *Primera Plana*, de Buenos Aires, *in* Gonzalo Córdoba e outros, *Problemas Estructurales de la Comunicación Colectiva*, San José, CEDAL, 1972.

os conteúdos comuns da comunicação anônima. A transposição da realidade imediata e de detalhes criticados como insignificantes pode ser atacada de pseudo-relato, na medida em que todo relato não é mais a realidade, contingência de qualquer expressão humana. Mas não pode ser negada uma reconstrução consciente que, se não é artística, contestadora, é angustiosamente referenciada e muitas vezes perplexa diante do espetáculo social. Esse espaço externo da narrativa fica bem exemplificado no trecho de Tom Wolfe:

"Quando cheguei a Nova York no começo da década de 1960, não podia acreditar na cena que vi à minha frente. Nova York era um pandemônio. Entre as pessoas ricas — que pareciam se multiplicar cada vez mais — era a época mais selvagem e maluca desde 1920... um universo de gorduchos de 45 anos que começam a seguir a moda, adotando os *jeans* e as minis e a maquiagem egípcia e as suíças e as botas e os sinos e os distintivos que pregavam o amor, dançando o *watusi*, freqüentando a Broadway e rebolando e sorrindo e suando e sorrindo e rebolando até o raiar do dia ou um colapso cardíaco, o que viesse primeiro... Era um verdadeiro carnaval. Mas o que realmente me surpreendeu foi que, como escritor, praticamente tudo isso era meu. Tão rápido quanto podia eu escrevia sobre este estranho espetáculo que se desenrolava bem na frente dos meus olhos maravilhados — Nova York! — e, enquanto isso, eu sabia que algum romancista corajoso chegaria e descreveria esta cena maravilhosa de um golpe audaz. Estava pronto, estava maduro — quase implorando... mas isto nunca aconteceu. Para minha surpresa, Nova York permaneceu como a mina de ouro do jornalista. Por alguma razão, os romancistas pareciam assustados diante da vida das grandes cidades. A idéia de empreender tal tarefa os amedrontava, os confundia, fazendo-os duvidar de sua própria capacidade. E, além disso, isto significaria adotar o realismo social. Para minha surpresa, tive a mesma experiência quando cheguei à Califórnia por volta de 1960. A Califórnia era a incubadora dos novos estilos de vida e todos estes estilos estavam à vista, saltando aos olhos — e novamente nós — alguns jornalistas trabalhando na nova forma — tínhamos tudo isso só para nós, mesmo o movimento psicodélico, cujos reflexos são percebidos em todo país, mesmo nas escolas primárias, como uma pulsação intergaláctica. Eu escrevi *The Eletric Kool and Acid Test* e esperei romances que tinha certeza iriam aparecer sobre a experiência psicodélica... mas também eles nunca surgiram. Soube mais tarde que os editores também estavam esperando. Praticamente imploravam romances de novos escritores que deveriam estar por aí, os novos escritores que fariam os grandes romances sobre a vida *hippie*, a vida universitária ou movimentos radicais ou a guerra do Vietnã ou drogas ou sexo ou militância negra ou facções contrárias ou todo esse redemoinho de uma só vez. Eles esperaram, e tudo que conseguiram foi o Príncipe da Alienação... navegando de sua Ilha Solitária, em seu barco mágico, de costas, vestindo sua capa Eterna, exalando cânfora. Surpreendente, como eu disse. Se nada tinha sido feito, nós deveríamos fazê-lo. Nós — novos jornalistas, parajornalistas — tínhamos os Estados Unidos — louco, obsceno, tumultuoso, rico, drogado, mau-mau, esvaindo-se em luxúria — da década de 60 em nossas mãos." [18]

A cena ou situação referencial dessa realidade urbana invadiu o mundo da notícia e isto tanto ocorreu em *Esquire* ou *Playboy*, *Primera Plana*, *Veja* ou *Jornal da Tarde*. Realmente é a invasão dos conteúdos comuns da cultura de massa e seu espaço narrativo típico — a cena urbana — que identifica o grande extrato da sociedade de consumo. Como foi várias vezes enfatizado, os outros níveis não desapareceram também do espaço narrativo: ao lado do detalhe concreto, da cena viva como se fosse traduzida por uma câmara Super-8, o espaço lógico, racionalizado, dos artigos opinativos, ou o espaço filtrado de traços específicos de notícia contida que responde à chamada "objetividade" de certos veículos tradicionais.

5. Análise do "Jornal da Tarde"

Em 1972, o *Jornal da Tarde* publicou um suplemento comemorativo dos seis anos de edição, que reunia as reportagens consideradas mais importantes. A amostra era significativa para uma análise, por dois motivos: primeiro, uma antologia de reportagens de seis anos; depois, matérias selecionadas por critérios de edição que tipificam o que o jornal acha mais representativo. Além disso, o jornal, justamente no período inicial de sua história, atuou como lidertipo local da grande reportagem, cujos frutos se espalham hoje em muitos outros veículos do Rio ou de São Paulo e de outras capitais brasileiras.

O que distingue a notícia da grande reportagem é o tratamento do fato jornalístico, no tempo de ação e no processo de narrar. A matéria que amplia uma simples notícia de poucas linhas, aprofunda o fato no espaço e no tempo, e esse aprofundamento (conteúdo informativo) se faz numa interação com a abordagem estilística. A reportagem seria então "uma narração noticiosa".

As linhas de tempo e espaço se enriquecem: enquanto a notícia fixa o aqui, o já, o acontecer, a grande reportagem abre o aqui num círculo amplo, reconstitui o já no antes e depois, deixa os limites do acontecer para um estar acontecendo atemporal ou menos presente. Através da contemplação de fatos que situam ou explicam o fato nuclear, através da pesquisa histórica de antecedentes ou através da busca do humano permanente no acontecimento imediato, a reportagem leva a um quadro interpretativo do fato.

A narração torna-se indispensável: do relato direto, descritivo, numa estrutura hierárquica quase sempre padrão, por causa da concisão da notícia, a elaboração da reportagem precisa de técnica

---

18. *Idem* nota 6.

de narrar. Foge-se aí das fórmulas objetivas para formas subjetivas, particulares e artísticas. O redator não tem à disposição recursos prontos, mas passa a criar. Nesse momento, só se diferencia do escritor de ficção pelo conteúdo informativo de sua narração, por isso narração noticiosa.

O traço predominante nas matérias publicadas no suplemento do *JT*, n.º 2.001, de 4 de julho de 1972, é exatamente o processo narrativo dos fatos jornalísticos. Nas treze matérias há muito mais preocupação de narrar do que relatar fatos ou tipos. O narrador, umas vezes completamente diluído na ação (como autor contemporâneo), outras vezes explicativo (jornalista falando para seu leitor — *l'auteur miraculeux* do século XIX), coloca os fatos numa perspectiva interpretativa, porque seleciona, conjuga, integra situações de um quadro maior do que o "aconteceu isso e aquilo em tal lugar e em tal tempo" da notícia. Basta citar os tempos complexos usados nas matérias: nunca um presente enxuto, o momento direto, sempre o aprofundamento do presente num raio quase atemporal — a reconstituição do passado e as relações permanentes dos vários planos de tempo nas situações e nos tipos. A medida de tempo jornalístico estrita (o sentido de atualidade do fato) fica, em algumas matérias como um "Baile de Máscaras", "Sonia Amaral Vai Cantar" e "Di Cavalcanti", em segundo plano, o que dificilmente ocorreria numa notícia.

Relacionada com estas características de tempo está a angulação predominante. A tentativa de encontrar o permanente ou de fixar um tempo mais rico que o momentâneo leva quase sempre à humanização do fato jornalístico. Oito das treze matérias mostram esta tendência. O *Jornal da Tarde* marcou sua imagem nesta forma de angular o fato jornalístico, daí as figuras reais, de caráter informativo, aparecerem como personagens de ficção e o relato dos fatos se transformar numa narrativa cena por cena das situações vividas por estes tipos. A força emotiva substitui a força objetiva, cronológica, do acontecer, porque o homem está, em geral, sofrendo os fatos numa história particular/universal. A linha de humanização se define em fazer viver para fazer compreender e tratar de, acima de tudo, emocionar.

A abordagem estilística, ainda ligada à medida de tempo, apresenta uma variedade de ritmos e planos narrativos que quebram a seca linearidade da notícia tradicional. Várias reportagens usaram a interpenetração de planos — ou o presente com toques de reconstituição dos tipos no tempo existencial, ou a justaposição de vários tempos, ou a seleção de instantâneos cronológicos com uma unidade mais procurada do que cronológica. O processo narrativo nem sempre atinge domínio formal nessa quebra de linearidade, mas há exemplos perfeitos como "A Aventura de D. Pedro", "O Último Coronel" e

116

"Tchaikovski". Sob esse aspecto, as narrativas que se configuram numa soma de instantâneos tendem para um ritmo martelante e o efeito é artificial — "Um Baile de Máscaras". A narração pode ficar no linear e não ser cansativa, rotineira. Neste caso não precisa de planos, mas da seleção de traços significativos continuados. O exemplo é a matéria "A Sobrevivente", perfeitamente afinada nas duas partes da ação — a busca e a sobrevivente. Já na reportagem "O Padre que Venceu Julião", a reconstituição do tipo deixa o linear para penetrar no espaço (meio ambiente), gestos e visão interna do personagem, e se perde num descritismo árido.

O maior problema da narração ainda é o da fusão do narrador com o fato narrado. Os ficcionistas só atingiram esse domínio na literatura contemporânea, os jornalistas estão procurando diluir sua presença "didática", redundantemente explicativa, nos encadeamentos da ação. Encontram-se, neste sentido, quebras de estilo violentas: o narrador vem vindo fluentemente e, de repente, introduz uma explicação, um esclarecimento, mudando o ritmo da narrativa. A par da seletividade narrativa dos fatos — nem sempre atingida nas descrições minuciosas — há outra dificuldade, ou seja, o desaparecimento do autor miraculoso. Nem a matéria de primeira pessoa resolve este problema, porque o repórter pode se tornar um personagem retórico, empolado em certas passagens do texto como "Na Avenida, Com Mangueira".

Os ritmos narrativos da estrutura da grande reportagem variam de acordo com a maior ou menor riqueza de recursos, riqueza essa que provém da captação do real e do domínio de técnicas narrativas. "O Último Coronel" demonstra a variação de informações — trechos de boletim de Limoeiro, cantorias e falas-refrão, entre outros — que movimenta a reconstituição extensa do ambiente. Um outro caso de ritmos variados é o da própria tensão interna da ação e o relacionamento do repórter com o domínio dessa ação. Assim, em "Tchaikovski", há ritmos crescentes e ritmos decrescentes conforme as fases de vida do compositor, ritmos ativos e ritmos passivos. Já na matéria "Na Avenida, Com Mangueira", à medida que o repórter consegue vibrar emocionalmente com o tema, o ritmo cresce.

A estrutura de frase e o vocabulário das treze matérias tendem acentuadamente para o coloquial, para a expressão afetiva de cada situação. O domínio da frase coloquial, sem ser melodramática, fixa os tipos, ou melhor, contribui para a humanização. Predomina um vocabulário simples, direto. Em algumas matérias, como "Tchaikovski", nota-se a busca de efeitos requintados; em outras como "O Último Coronel", a perseguição do coloquial chega ao exagero fonético, mas a maioria fica na "sobriedade estilística" das palavras comuns, numa frase sem barroquismos. Sempre que se procura efeitos, os resultados ameaçam as intenções. Pode-se citar como exemplo algumas frases: "O pé direito coça gostosamente o esquerdo", "Os últimos pedaços de caranguejo são liquidados em ambiente mais teórico", "O inverno está aquecido nas estolas de pele encostadas nas cadeiras". A busca de efeitos em geral se frustra porque contraria a fonte jornalística do concreto real, com metáforas artificialmente construídas. Mas isso denota a acentuada preocupação com o que se conceitua aqui como "apelos verbais da mensagem".

6. Apelos Verbais da Mensagem

A mensagem jornalística como um produto de consumo da indústria cultural desenvolveu uma componente verbal específica, que serve para chamar a atenção e conquistar o leitor para o produto/matéria. O apelo verbal, articulado com o apelo visual, exige um estudo particular na formação lingüística. Está integrado no ritmo narrativo geral, na posição que o narrador assume e nas cenas de realidades concretas, mas como elemento de formulação é um foco em si, de tal maneira que na elaboração redacional representa um momento de preocupação especial por parte do emissor. Historicamente, o primeiro apelo verbal a ser explorado, conscientemente desdobrado da mensagem, foi o título. O segundo apelo que surgiu foi o *lead* (primeiro parágrafo da notícia, cabeça ou lançamento da matéria). O *lead*, formalizado pelos norte-americanos ainda no século passado, passou a constituir um traço importante de motivação para o produto/notícia, para agarrar o consumidor no contato imediato. Este apelo adquiriu tanta significação que se desdobrou em outras formas como os subtítulos abaixo dos títulos, os supratítulos introduzindo os títulos ou simplesmente chamados "olhos", textos irregulares, em corpo maior, espalhados pela página para apregoar informações. E com a expansão da fotografia no jornal — o grande apelo visual — surgiu a legenda, outro apelo lingüístico da informação. O fato de tratar dos apelos da mensagem num item à parte se justifica pela autonomia estilística que adquiriram nas redações. Como podem ser equiparados à embalagem no produto publicitário, firmaram-se como definições estilísticas próprias, embora, é claro, mantenham seu lugar integrado na estrutura da mensagem.

A bibliografia brasileira de estudo de títulos de imprensa se restringe a um livro e alguns artigos ou capítulos de outras obras. Joaquim Douglas,[19] *Jornalismo: A Técnica do Título*, pretende sistematizar o assunto, abordando a divisão geral de títulos, sua função, a formulação lingüística, a estrutura e a apresentação gráfica. Os demais artigos ou capítulos chegam a um conceito vago do que seja título e de sua importância, se preocupam também em reunir algumas

---

19. Joaquim Douglas, *Técnica do Título*, Rio, Agir, 1962.

118

regras de como fazer títulos.[20] O que de mais prático, de mais imediatista se encontra na técnica de títulos são as regras tradicionais de como não fazer. Nisto o livro de Douglas é farto, e de certa forma repete normas de manuais de redação.[21] A base de classificação dos títulos, nessa bibliografia, está condicionada pelos seguintes critérios: o título anuncia o fato, o título resume a notícia, o título embeleza a página. Aos primeiros critérios se liga a angulação informativa convencional e ao último, uma preocupação superficialmente estética. Com essa base teórica, a formulação de títulos fica limitada a fórmulas rígidas: como o título deve ser informativo, deve ser conciso e preciso, deve basear-se em substantivos e verbos (palavras que mais objetivamente informam). Já quando essas posições tradicionais acrescentam a variável esteticista, fica difícil precisar critérios, regras de aplicação. Por exemplo, Douglas diz que todo sinal gráfico, vírgula, dois pontos, travessão, é feio... Um padrão estético bem discutível.

7. Análise de Apelos

Na realidade, falta ao estudo da titulação de imprensa uma perspectiva global que se referencie às outras componentes da mensagem, ou seja, o título como resultado de uma angulação, de uma edição e de uma captação. As possibilidades se abrem e os títulos não cabem mais em fórmulas de manuais, o que se vê claramente ao folhear um jornal, mesmo *O Estado de S. Paulo*, que conserva essas normas. Na angulação informativa pré-cultura de massa, aquela que se conserva em públicos mais fechados e pretende impor como política de grupo empresarial "conteúdos objetivos", o título tem de se manter substantivo/verbo, resumo frio da notícia que anuncia. Se o fato, por si, for emocional, o título conciso e preciso transporta sua força (Morreu o Presidente fulano); se o fato não espelhar diretamente emoção, o título se perde como um rótulo de meio-tom.

É claro que a formulação do nível-massa não adota títulos dessa natureza. A mensagem-consumo exige um título de apelo forte, bem nutrido de emoções, surpresas lúdicas, jogos visuais, artifícios lingüísticos. O título ganha vida de consumo como qualquer anúncio publicitário e a edição trabalha com cuidados especiais: criam-se os "tituleiros" hábeis, verdadeiros mitos de sala de redação. Na ampliação interpretativa das informações, essa habilidade exige mais.

---

20. Luís Amaral, *Técnica de Jornal e Periódico*, Rio, Tempo Brasileiro, 1969. Juarez Bahia, *Jornal, História e Técnica*, São Paulo, Ibrasa, 1972. Luís Orlando Carneiro, "Responsabilidade da Imprensa e Manipulação da Notícia", *Cadernos de Jornalismo e Comunicação*, Rio, Edições *Jornal do Brasil*, n.º 22.
21. ECA/USP, "Normas de Redação de Cinco Jornais Brasileiros", São Paulo, 1972.

Para titular, correspondendo à complexidade narrativa da matéria, o domínio literário de frase deve ser aplicado ao título. Os títulos interpretativos se valem de uma fraseologia literária, o número de palavras cresce, edição e captação pedem um "bom título". Este requinte se transporta também para a manchete de primeira página, onde a titulação fecha por último nas mãos dos editores "lingüisticamente" mais capazes. Um dos novos cuidados de embalagem é a equação gráfico-visual das palavras do título. Sua presença física é articulada aos demais elementos visuais, numa diagramação que corta toda a frieza e imparcialidade do título. E os sinais de pontuação, os números, os artigos, os contornos das letras — tudo entra em jogo na diagramação, onde menos importam os critérios de feio/belo e mais os critérios de valorização visual do que deve saltar aos olhos. E então os títulos chamam o consumidor pela diagramação, pela forma verbal literária, pela malícia dos dados em jogo, pela intimidade com que falam ao leitor com um você, aqui e outras formas imperativas, ou simplesmente pelo prazer lúdico do quebra-cabeças. Até os títulos interrogativos — pecado original nos clássicos manuais — se constituem num apelo direto.

Na angulação opinativa onde se encontram os artigos e comentários grupais ou crônicas de nível pessoal, os títulos ora sofrem influências das formas típicas de consumo, ora se vestem de casaca e mantêm o tradicionalismo. Na realidade, o título sempre deixa transparecer a posição opinativa do grupo empresarial, mesmo aqueles que se dizem imparciais. Qualquer título de aparência denotativa pode ser conotado no contexto da informação. Por isso a angulação opinativa grupal passa mais pelo conteúdo geral da informação do que pela formulação lingüística ou visual. Já no nível-massa, o título é declaradamente informação e lazer.

Dos jornais do Rio de Janeiro e de São Paulo, o *Jornal da Tarde* tem feito escola ao trabalhar os títulos nessas angulações. *O Estado de S. Paulo*, órgão tradicional da mesma empresa, que se prendia a um estilo rígido de titulação, também não pôde fugir a certas influências da era da informação/consumo. Os jornais sensacionalistas sempre se preocuparam em alardear as notícias com títulos emocionais e, nesse caminho, criaram apelos primários, caso de *Notícias Populares*, que faz parar muita gente nas bancas só para ler suas "manchetes". Mas o *Jornal da Tarde* consegue trabalhar os apelos com requintes mais elaborados da indústria cultural. Sintoniza, nesses termos, com a publicidade e, em última instância, com o tipo de consumidor a que se dirige.

Também a abertura de matérias, o *lead*, prova a integração com os componentes da estrutura da mensagem. Um *lead* mostra, em primeiro lugar, um esforço de captação — "por onde vou começar a matéria", preocupação sintomática do repórter, equivale à angústia de captar uma parte significativa do real. A edição acentua seu valor quando dedica um tempo especial para o acabamento do *lead* que, por sua vez, revela a angulação da editoria, do setor do jornal. A categoria *lead*-sumário (*summary* para os norte-americanos que o sistematizaram) transparece o valor ideológico da objetividade: em poucas linhas, no máximo um parágrafo de duas frases, o *lead* deve apresentar um resumo das unidades de informação do acontecimento. Dentro da narrativa seqüencial decrescente, chamada pirâmide invertida, esse é o lançamento ideal.

Onde fica o apelo de consumo? O sumário que criou escola e até hoje é superabundante como fórmula, logo logo se tornou insuficiente para assumir todas as aberturas de notícia. Os próprios norte-americanos superaram rapidamente o *lead*-sumário em novas fórmulas, dentro da dinâmica do consumo. O *lead*-apelo se desdobra em tantas possibilidades quantas a imaginação permitir. Em uso, nos veículos de vanguarda formal: o *lead*-impacto (*punch*), que transforma o apelo num soco imprevisível. Uma frase direta que empurra o leitor para um dado forte, não preciso, da informação: "O corte ontem foi só da energia elétrica que serve aos elevadores e às bombas de água." Outro *lead* muito utilizado por *Notícias Populares* em sua crônica policial estabelece uma proximidade afetiva com o leitor, técnica muito comum na publicidade. É o *lead* envolvente: "Não espere ver a seleção brasileira..." Ao contrário dessa proximidade afetiva vem o *lead* que estabelece um distanciamento "curioso" com o fato que quer abordar. Entra na matéria pelas circunstâncias totalmente acessórias, por uma ambientação secundária ou por uma metáfora. Os indicadores imediatos desta abordagem são as palavras *como...*, *se...*, *quando...* A revista *Veja* consumiu a tal ponto o *lead* indireto, que uma repórter pode ter insônia em busca da metáfora que abrirá a matéria: "Quando o Coronel da Guarda Nacional, João Bezerra Montero, mudou-se de Orós para Crato, no Ceará, no começo do século XVIII, ia em busca de fortuna e poder, mas certamente não esperava tanto". O *lead*-citação (*quotation*) é muito usado como solução fácil de apelo: basta pinçar uma boa declaração e a abertura está solucionada. "Meu tempo ainda virá" — foi o que afirmou Gustav Mahler (1860-1911), ao perceber que seus contemporâneos o encaravam com "compositor de fim de semana". A outra forma de *lead*, mais típica da angulação interpretativa, que se vale de recursos ficcionais, começa contando o enredo à maneira literária (*lead literary*): "O homem barbado, com o rosto cansado, apareceu na porta do Boeing 707, segurando suas pequenas malas..." O *lead*-contraste procura opor focos contrários ou complementares da notícia. Joga com contradições para apelar. "Em Hanói a posição referente à guerra do Vietnã é esta..., já em Saigon é aquela...". As oposições despertam a leitura para buscar armas de luta entre um foco e outro. Já o *lead* interrogativo brinca de outra forma, provocando curiosidade ou jogando uma informação afirmativa para uma maliciosa interrogação: "O que falta ao Brasil no setor do urânio?" E, por absurdo que pareça, um *lead* esquemático (*one, two, three*) mais descarnado que o sumário pode ser um recurso de apelo. Esta formulação vale-se, inclusive, dos meios gráfico-visuais como o número e destaca três posições, que contêm certo impacto:

> "Três informações importantes sobre a guerra do Vietnã:
> 1. Os Estados Unidos não permitirão em hipótese alguma a derrota militar do Vietnã do Sul;
> 2. Para isso, porém, não recorrerão nem às armas nucleares nem ao envio de mais tropas;
> 3. No entanto, os Estados Unidos não estão dispostos a assegurar indefinidamente a sobrevivência do regime de Saigon."

As variações de *lead* em relação ao tradicional sumário representam a dinâmica de modelos e de criação na cultura de massa que Edgar Morin aborda mesmo neste segmento de formulação. A inquietude da abertura como apelo significa a busca de novos padrões de consumo. Daí o uso de subtítulos como prolongamentos do *lead* e do título. Sua possibilidade está ligada à diagramação e ao uso de áreas livres. Um jornal que poupe seu espaço ao extremo, que não admita a valorização gráfica do produto-informação, não se dá ao luxo de abrir "olhinhos" na página. As revistas são mais pródigas na visualização; os jornais, mais acadêmicos, mais presos aos velhos critérios de uma diagramação em bloco, sob alegação de falta de espaço gráfico nas páginas. No Brasil, o *Jornal da Tarde* é um caso pouco generalizado em elaboração do espaço visual da página e, por isso, encontramos subtítulos e olhos como apelos em quase todas as editorias. A reportagem no *JT* é anunciada e aliviada pela diagramação, pelo espaço fotográfico ou de desenho, pelos títulos, pelos *leads* e pelos "olhos" (antes ou depois do título ou espalhados pela página). O olho cumpre três funções básicas: serve como apelo independente do título, um segundo apelo com outras informações e outra forma lingüística, uma variedade a mais na vitrina; completa ou introduz o título, conforme esteja abaixo ou acima, encadeando informações para apoio; equaciona certas unidades que são destacadas do corpo da matéria como, por exemplo, uma cronologia específica, dados numéricos, escalação de time de futebol. O olho, olhão ou olhinho (variações de tamanho) oferece uma seqüência narrativa de desdobramento do título e *lead* que precisa ser criada com requinte senão vira fragmentação em blocos ou retrancas clássicas. Por outro lado, só é manobrado por meio de edição que articule a informação verbal no espaço gráfico-visual

122

da página. Como o subtítulo ou olho faz parte do esquema novo de edição (*Jornal da Tarde*, 1966), está integrado na angulação no nível de cultura de massa. Como recurso tradicional pré-angulação de consumo, só existia o título-cartola, um pequeno rótulo que precedia o título por dois pontos. Mas a solução era bem diferente dos apelos atuais.

Nem sempre a legenda é trabalhada com a atenção que merece como apelo. Essencialmente, seu papel tradicional é formular um dado que diminua a abertura ambígua da fotografia, ou nada mais do que identificar as pessoas fotografadas. Trata-se aí de um uso primitivo da legenda, porque os veículos mais modernos já se deram conta de sua força apelativa. Com o apelo visual da foto e o interesse imediato que provoca no leitor, é natural que se caia na leitura da legenda. E aproveitando esta oportunidade, o texto pode remeter para o produto total — a matéria. As legendas tradicionais, puramente identificadoras ou redundantes da fotografia, ficaram tão supérfluas que houve uma fase jornalística (início da década de 60) que as novas gerações repudiaram esse elemento da mensagem. Foram os veículos mais recentes, especialmente a revista *Veja* e o *Jornal da Tarde*, que recuperaram as legendas como apelo. Para isso, jamais identifica redundantemente a foto. Opta por informações interpretativas, joga com detalhes concretos da cena, destaca um tipo e associa ironicamente posições racionais às posturas gestuais, lança certo suspense interrompido, brinca com elementos pitorescos da cena. Também pode utilizar a narrativa ficcional, contar história, o *era uma vez* de qualquer legenda antiga de filme mudo. O interessante, na práxis jornalística, é que sempre sobra pouco tempo para a elaboração das legendas, o apelo mais descuidado. Talvez por esse motivo, as legendas de uma revista semanal são as que oferecem mais variedade lingüística. Seja a legenda isolada (uma para cada foto), a multilegenda (uma para várias fotos) ou a legenda encadeada (que se liga à legenda seguinte, ao lado, por uma frase interrompida por três pontos), a *Veja* sempre se vale desse apelo com mais atenção e, freqüentemente, oferece os melhores exemplos dessa criação tão descuidada nos jornais diários.

Integrando as componentes da mensagem jornalística — título, *lead*, subtítulo e legenda — uma pesquisa concentrada ocuparia muito esforço. Mas valeria o investimento de trabalho na medida em que esses apelos são sintomas significativos da cultura de massa. As hipóteses de ampliação desta parte estariam centradas na idéia/síntese de que os títulos e *leads* anunciam uma mercadoria, o produto oferecido pelo jornalismo na indústria cultural.

8. Microestilística

"A narrativa é uma grande frase, como toda a frase constativa é, de certa maneira, o esboço de uma pequena narrativa."[22] Dentro do quadro de unidades geral da narrativa, Roland Barthes coloca a frase como uma delas. Martinet também considera a frase como o menor segmento que é perfeitamente e integralmente representativo do discurso. É nessa perspectiva que iniciei uma observação da frase jornalística, uma microestilística representativa e relacionada com a macroestilística do discurso/matéria informativa. Há uma sintaxe de informação na frase e uma semiologia contextual que pedem uma pesquisa específica. O levantamento de alguns problemas, resultantes de uma observação não quantificada, nem rigorosamente analisada em amostras representativas, fica apenas esboçado no vocabulário e relações sintáticas da frase jornalística. Nem mesmo a formulação de categorias de análise é possível nesta parte, como foi em outras, porque o tema comporta outra pesquisa à parte.

9. Universo Lexical

Os manuais de jornalismo insistem no vocabulário simples, acessível, de uso atual, como recomendação de estilo. Na verdade, não se trata de uma norma a seguir, mas de uma realidade inerente ao universo lexical de indústria cultural. "A palavra pertence ao nível da sintaxe; é a menor unidade sintática"[23] e como tal, se relaciona aos demais níveis. Quando se analisou uma angulação informativa no nível-massa, como angulação mais direta de um jornalismo industrial, de certa forma já se pressupõe um universo lexical-massa. Imediatamente as características evidentes do vocabulário podem ser levantadas, de forma muito mais generalizada: esforço de reconstruir uma contigüidade com a língua falada e os usos atuais de vocábulos correntes; a seleção de universo vocabular de grande circulação e não de circulação irrestrita; o vocábulo cercado numa situação significativa de dupla articulação (sintagma e paradigma perfeitamente conjugados). Haveria, só aí, três segmentos de estudo. A tentativa de contigüidade (reconstituída) à língua falada provoca, nos grandes jornais de nível-massa, a valorização: os vocábulos de uso imediato — gírias, vocabulário coloquial extremamente concretizado.

---

22. Roland Barthes, "Introdução à Análise da Narrativa", in Roland Barthes e outros, *Análise Estrutural da Narrativa*, Petrópolis, Vozes, 1971.
23. Eric Buyssens, *Semiologia e Comunicação*, São Paulo, Cultrix, 1972.

A seleção vocabular que levou os norte-americanos a fórmulas de legibilidade e listas de vocabulário médio,[24] contratadas até pela AP para aplicação em seus telegramas, revela toda a preocupação de atingir grandes camadas e não grupos altamente "lexicalizados". No Brasil, não chegamos a esse levantamento (os espanhóis já têm uma lista) que os norte-americanos desenvolveram. É uma pesquisa que exige um investimento razoável. No entanto, os jornalistas, mesmo sem a lista, usam normalmente um vocabulário médio sem especialização — o nível de legibilidade, por esse ângulo, não oferece maiores dificuldades, principalmente porque *decorre* de um contexto mais amplo, já assumido — o da indústria cultural.

O terceiro segmento de estudo, que foi conceituado como uma situação significativa que ultrapassa o veículo em si, parece-me o mais importante. De forma muito sintética, poder-se-ia dizer que o binômio sonho/realidade (ou grande consumo/informação referenciada) leva a carregar o vocábulo de uma atmosfera emotiva. Assim, se o substantivo e o verbo, palavras-sinteticamente-importantes-para-a-informação, seriam predominantes na notícia, na realidade eles aparecem num âmbito de significação que os conotam de "adjetivação". Vinogradov chama de *lexema* um sincretismo de valores emocionais contraditórios no estado latente de tudo o que cerca uma palavra; propõe, então, o lexema como unidade semântica da palavra ligada a um certo sinal (vocábulo), sendo a totalidade das significações e suas nuanças de que temos consciência ao menos virtual. "A palavra é um aspecto do lexema, realizada numa frase dada e numa situação dada."[25] Dessa forma, realmente a unidade sintática *palavra* ganha outra amplitude. Basta verificar a situação significativa de um título que dá ao vocábulo isolado outras dimensões — um substantivo aparentemente referencial se torna extremamente conotativo. E é nesse sentido que não se pode diferenciar o universo lexical de uma reportagem do universo lexical de um conto. Ambos podem ser estudados com categorias semelhantes, especialmente no caso da literatura contemporânea, que não perde de vista o universo referencial das falas de grandes camadas da população. Por outro lado, a função apelativa de uma linguagem de consumo leva a jogos estilísticos que se aproximam da função expressiva da literatura.

---

24. Buchanan, Spaulding e Rodriguez Bou trabalharam na listagem de palavras, segundo a fórmula de leiturabilidade de Spaulding aplicada ao espanhol. A lista de língua espanhola compreende 1.500 palavras de uso freqüente. A Gradead Spanish Work Book, The University of Toronto Press, 1941.

25. V. V. Vinogradov, "As Tarefas da Estilística", *in* Eikhenbaum e outros. *Teoria da Literatura — Formalistas Russos*, Porto Alegre, Globo, 1971, p. 91.

Kdnek Hampejs fez, em 1961, uma sondagem muito imediata da linguagem de imprensa nos grandes jornais brasileiros e levantou alguns temas de pesquisa, com farta exemplificação.[26] O índice vocabular o levou a concluir que o universo vocabular da imprensa brasileira é muito permeável a inovações, neologismos, assim como a assimilar os estrangeirismos. O setor em que mais se situa é o de noticiário político e mostra, por exemplo, como o nome de um político da época levava à ampliação vocabular através de outros nomes, adjetivos, verbos — todos derivados do nome próprio da figura política. No caso de estrangeirismos, tanto a dinâmica de consumo de situações novas como as necessidades científicas de novas descobertas, evidentemente levam à movimentação de vocabulário. No caso do símbolo político ou no caso do símbolo do novo, a "inflação" de neologismos/estrangeirismos incorporados revelam o nível-massa da linguagem jornalística. Hampejs chama atenção (talvez por confrontos com a imprensa européia) para a pobreza de expressão verbal e justifica logo depois, "talvez pela necessidade de falar de uma maneira simples e simplificada". Os exemplos que reforça são os verbos *dar*, *fazer* e *lançar*. Parece que faltou sensibilidade ao pesquisador para detectar nesse sintoma o uso (implícito) de uma lista de vocabulário. O universo vocabular do comunicador — ainda que intuitivamente — está estreitamente ligado ao universo-massa (no sentido de população urbana e em industrialização). Um outro fato que o autor aponta vem ao encontro dessa conclusão: observa que, com o afluxo de populações de várias regiões brasileiras para as grandes cidades (Rio, São Paulo), o vocabulário da imprensa brasileira se abre a um enriquecimento de usos que lhe dá uma dinâmica considerável. Anota também o deleite pelo trocadilho e atribui isso à jocosidade carioca, o que parece ingênuo como interpretação. O trocadilho, o supérfluo, o vocábulo ambíguo, o detalhe concreto, são indicadores estilísticos que ultrapassam o Rio de Janeiro...

Uma pesquisa de vocabulário na imprensa brasileira compensaria, agora, o investimento? À primeira vista e a partir dos enfoques de análise da estrutura da mensagem jornalística, serviria para detectar ciclos de moda (das realidades da fala), influências lidertípicas internacionais e locais, ou ainda a presença dos níveis-massa (grande padrão jornalístico), grupal (padrão residual de um jornalismo pré-industrial) e individual (presença de criadores individualizados). As hipóteses que convém levantar:

1. O vocabulário da informação jornalística tende a reconstruir os usos coloquiais da realidade da fala;

---

26. Kdnek, Hampejs, "Linguagem da Imprensa Brasileira Contemporânea", *Rev. Brasileira de Filosofia*, vol. 6, tomo I, junho, 1961.

2. A necessidade de atingir o nível-massa em maior escala leva a uma seleção de vocabulário médio das grandes camadas e a recusar o léxico de grupos especializados;

3. O contexto significativo sonho/realidade se revela na contradição vocabular — palavras muito concretas, referenciadas a realidades imediatas, envolvidas por diversas formas de conotação que carregam de ambigüidade a proposição referencial.

Cada hipótese, trabalhada numa pesquisa à parte, seria muito oportuna. Mas é preciso não esquecer que exigiria um grande investimento operacional e de tempo.

10. Relações Sintáticas

No sintagma da frase jornalística se observa a mesma microrrelação de informações da montagem geral da matéria: a seqüência linear, cronológica, de uma notícia que simplesmente pretende recuperar a contigüidade do acontecimento no tempo, a estrutura sintática da frase é direta, descrição imediata dos acontecimentos, predominando um processo de coordenação das etapas seqüenciais. Othon Garcia, em *Comunicação em Prosa Moderna*,[27] classifica o estilo desse tipo de frase como "arrastão" — composição por coordenação, onde situações simples são enumeradas, alinhadas. Como na composição das informações (macroestrutura), representa uma solução simples na tentativa de reconstruir o fato real, cronologicamente.

A seqüência por ordem de importância dos elementos que compõem a notícia está comprometida com uma ordenação escolhida. É, portanto, um pouco mais elaborada, do ponto de vista de interferência lógica. A famosa "pirâmide invertida" se reflete também na frase: as relações sintáticas mostram uma preocupação formal de concisão, ordem direta, reforço nas palavras consideradas nessa categoria estilística como mais significativas — substantivo e verbo. Se tivéssemos que escolher um jornal que tipicamente representa essa estruturação de frase, logo indicaria o *Jornal do Brasil* em seu noticiário cotidiano. Há um patrimônio estabelecido na tradição redacional jornalística, o que leva a considerar esse tipo de frase, apregoado em manuais, como a famosa "frase padrão" do jornalismo. Sua característica essencial é pretender a objetividade como a notícia globalmente ordenada em pirâmide invertida. O simples fato de ela se tornar um padrão transmitido para novas gerações dá a dimensão de quase cem anos de tentativa de fixar uma linguagem jornalística. Mas como essa frase padrão pressupõe uma estrutura lógica (con-

---

27. Othon Garcia, *Comunicação em Prosa Moderna*, São Paulo, Fundação Getúlio Vargas, 1971.

cisão, relações sintáticas diretas, reforço significativo nos substantivos e verbos que indicam o fato) e a aprendizagem jornalística redacional não se estabilizou em instituições (como ocorreu nos Estados Unidos com os cursos de Jornalismo), nossos editores clamam contra os "ruídos" da frase ideal não atingida. Paralelamente ao mito da objetividade de informação se espalhou o mito da frase padrão.

Uma das causas da adiada fixação da frase jornalística seria, segundo J. Bandeira Costa, num artigo de 68, no *Jornal do Brasil*, a tardia fixação de notícia e jornalismo informativo. Diz ele: "Em 1930, no Brasil, o jornal, de um modo geral, ainda não havia, por assim dizer, descoberto a notícia. A sua força estava nas colaborações de grandes comentaristas e escritores. Daí a tolerância dos gramáticos. O assunto era ruim, mas a prosa era boa. Mudaram os tempos. E as fornadas de novos jornalistas não vêm saindo, salvo pequenas exceções, com um gabarito gramatical que agrade, com muita razão, aos Srs. Silveira Bueno e outros que não querem expor-se à animosidade dos diretores de jornais. Mas já é tempo de recuperar o prestígio perdido, não há dúvida. Pelo que sei, o *Jornal do Brasil* já está preparando o seu Livro de Estilo que, mais do que apenas normas estilísticas, dará aos seus repórteres e redatores motivações para se conciliarem com a gramática." [28] Este fragmento ilustra muito bem a ideologia da frase padrão, a ideologia de uma "boa linguagem jornalística". Tomar a gramática como modelo operacional essencial revela diretamente o "iluminismo" deste padrão. Evidentemente nunca se realizou nem se realiza hoje em dia. O *Jornal do Brasil*, que lutou com todas as armas por essa padronização, conseguiu, apenas em parte, atingir a frase média de pequena notícia. Mas de repente, numa legenda de primeira página, a frase padrão desaparece inteiramente e as relações sintáticas ficam indiretas, a forma expressiva se desloca para adjetivos, a concisão dá lugar a um processo sintático pouco econômico. E isso que o *JB* é o caso típico de frase jornalística padrão. Na realidade, há uma incongruência básica entre a angulação-massa do jornalismo industrial e a angulação elitista de uma frase racionalizada para a objetividade dos fatos noticiados. O estouro dessa contradição se verifica na multiplicidade de estruturas de frase em vez de uma fórmula comum.

É na tensão sonho/realidade, universo temático fundamental do nível-massa, que vamos encontrar a explicação de certas estruturas de frase ou de certas seqüências de informação. A complexidade sintagmática que Juan Verga acusa como desvio da informação,[29]

---

28. J. Bandeira Costa, "A Má Linguagem dos Jornais", *Jornal do Brasil*, Rio de Janeiro, 14/5/68.
29. Obra citada na nota 17.

na verdade é complexidade da trama referencial em jogo com a expressiva. Se fosse possível definir a informação jornalística como exclusivo relato referencial (quase um método etnográfico do momento social), provavelmente teríamos uma frase típica, precisa e objetiva. Qualquer seqüência alinear, qualquer estruturação que foge de uma logicidade para a captação de conteúdos humanos de massa, fatalmente cai em frases que fogem também de critérios gramaticais. Tanto a frase — segundo a categorização de Othon Garcia — "labiríntica" como a "caótica" são exemplos da quebra do padrão. A frase labiríntica reflete em suas relações sintáticas as idas e vindas de conteúdos que ultrapassam a medida do racionalismo informativo, da objetividade. A frase caótica, que o autor situa nos depoimentos, no fluxo de consciência, monólogo e solilóquio de sofá de psiquiatra, aparece quase sempre nos perfis humanos, tema muito freqüente em jornais e revistas (exemplo imediato, os perfis do *Jornal da Tarde*, do Caderno B do *Jornal do Brasil* e da revista *Veja*). Essas frases, que correspondem em geral a seqüências alienares, fluem de forma emotiva, num ritmo pouco preciso, mas que tenta substituir o ritmo espontâneo do pensamento e da ação desconexa. Não a gradação imposta de ordem de importância dos fatos, mas uma fluência reconstituída com todo o esforço de busca — indefinições, idas e voltas, redundância, interrupções, interferências. Numa estilística ortodoxa, naturalmente, estas frases são condenadas. Mas será que a grande presença das mesmas indica uma ignorância geral? Será que se trata de simples alienação de uma frase informativa? Ou será que decorre de uma angulação contextual mais ampla?

Quando analisei a estrutura de frase — cujo desdobramento está no anexo II deste trabalho (p. 175) — e foi possível constatar nos veículos mais novos (surgidos já na fase industrializada) certos sintomas dessa complexidade sintagmática, dois deles impressionaram-me pela freqüência. Primeiro, a quebra da ordem direta de relações sintáticas de uma frase gramatical "recomendada" para jornalismo. Em *Veja* e *Jornal da Tarde*, por exemplo, a frase se procura no meio de constantes intercalações (parênteses, travessões, entre vírgulas). A superposição de elementos informativos num ritmo às vezes até desconexo substitui a objetividade da frase concisa. O segundo traço, também muito significativo, é o estilo indireto de colocar informações. O *lead* de *Veja* raramente entra diretamente no fato; suas primeiras frases se constituem em formas bem indiretas de dizer as coisas. Ora, a frase refletindo a macroestrutura, começa por *quando* ou outro índice de circunstâncias acessórias, detalhes concretos, antes de entrar no sujeito da ação. E às vezes a frase mergulha tanto nos elementos secundários que se deixa ficar por aí, não entra nos elementos essenciais (oração principal), o que caracteriza o fenômeno da desconexão. Nestes dois sintomas pode-se

129

estudar, em outra pesquisa específica, a relação com outros dois dados: primeiro a reconstituição de um ritmo espontâneo de pensar a agir, a busca de contigüidade na substituição; segundo, a presença de detalhes concretos da realidade, geralmente detalhes de individualização, como verdadeiros "ruídos" interferindo na informação linear (relato do acontecimento, conciso, preciso e objetivo). Por toda a fundamentação anterior, a hipótese que se pode levantar é que esse tipo de frase — labiríntica, entrecortada, desconexa, indireta, caótica e outras variantes do gênero — está ligada à angulação-massa do jornalismo. A frase padrão, racionalizada, seqüênciada, equilibrada nas suas relações, está ligada, por outro lado, a uma angulação grupal (no caso, é bem expressiva a defesa de um padrão gramatical, clássico, de domínio elitista). Na angulação-massa, naturalmente, há um padrão também, mas aquele padrão dinamizado pelo consumo — formas que viram fórmulas, fórmulas consumidas que pedem novas formas etc.[30]

Na angulação de nível pessoal, o da criação individualizada, há margem para uma frase expressiva que foge tanto ao padrão gramatical clássico, como ao "caótico" estilo-massa. Permanecem nos jornais os criadores (literários) que se manifestam individualmente num estilo. Tanto a reportagem, geralmente assinada, como a crônica e o artigo dão margem para essa expressão. A frase de função expressiva, no caso dos jornais estudados, teria dois campos de pesquisa. Observa-se criação na dialogação de entrevistas, onde os mais hábeis, de domínio verbal literário, reconstituem o tom coloquial, e as relações sintáticas se aproximam dos níveis das falas. Há, nesses casos, uma filiação direta com a literatura brasileira (romance, conto e crônica) depois do Modernismo. Grandes reportagens interpretativas de contexto ou de humanização[31] mostram essa frase expressiva. Depois, o segundo campo importante de realizações estilísticas, aí concentradas na narração e não no diálogo fonte/comunicador, diz respeito à imprevisibilidade do ritmo sintático. Uns dos exemplos mais atuantes de nossa imprensa, que merece um estudo à parte, são as crônicas de Nelson Rodrigues. Na reportagem surgem nomes como Marcos Faerman, do *Jornal da Tarde*, que oferece para análise uma frase elaborada com função expressiva. Também neste campo, a ligação com literatura é intensa, não apenas com a brasileira, mas também com a norte-americana, européia e latino-americana. Estas frases se enquadram numa seqüência informativa preocupada com a criação, por isso *pertencem* a reportagens (ou crônicas) que procuram inovar

---

30. Gillo Dorfles, *Simbolo, Comunicación y Consumo*, Barcelona, Lumen, 1968.

31. Paulo Roberto Leandro e Cremilda Medina, *A Arte de Tecer o Presente (Jornalismo Interpretativo)*, São Paulo, Media, 1973.

artisticamente. Seus autores (e não comunicadores) representam os criadores incorporados à indústria cultural que geram modelos para o grande circuito do consumo. Por esse motivo, se tornam lidertipos nas salas de redação e suas formas rapidamente viram fórmulas.

A imitação da frase expressiva de fulano de tal que assina matérias é um fenômeno típico de indústria cultural, ou seja, da multiplicação das idéias-matrizes.

PARTE V

POSFÁCIO
(2.ª EDIÇÃO)

(Para o simpósio "Direito à Informação, Direito de Opinião", promovido pela Universidade de São Paulo em agosto de 1987, preparei um texto que retoma as grandes questões deste livro. O que significa, em última análise, a atualização das variáveis aplicadas ao contexto de 1987.)

Um Diagnóstico de 1987

O Direito Social à Informação e o Direito de Opinião — este, de todos os setores e indivíduos de uma sociedade — constituem dois dos principais pilares da democracia contemporânea. As lutas sociais pela democracia carregam, na dinâmica que lhes é inerente, o direito de estar informado, o direito de saber o que está acontecendo à sua volta, porque sem o acesso ao fato histórico, o homem não passará a protagonista da ação social. Faz parte também da conquista democrática o livre acesso aos canais de informação para que seja garantido o Direito de Opinião, não o que caracteriza a liberalismo clássico, mas o que se expande a toda a sociedade. O Direito à Informação e o Direito de Opinião são os suportes da participação de todos no seu próprio destino.

Sumariamente, há três grandes eras "geológicas" deste Direito. Fred S. Siebert e Theodore Peterson (*Tres Teorias Sobre la Prensa*, Buenos Aires, Ediciones de la Flor, 1967) assim as sistematizam em relação à própria História do Jornalismo: na primeira fase, séculos XVI e XVII, impõe-se a Teoria Autoritária da Imprensa, fundamentada na herança do Direito Divino da Informação e alicerçada no poder absolutista; as lutas da ascensão da burguesia e suas revoluções culminantes quebram esta teoria e esta prática da informação, nos séculos XVII, XVIII e XIX, e levantam as bandeiras da Teoria Libertária — os teóricos da Revolução Francesa as formulam no Direito de Livre Expressão; com a industrialização, a urbanização e os movimentos de massa do século XIX para o século XX, o Direito Liberal é questionado, a informação passa a ter um novo compromisso com os extensos e heterogêneos públicos urbanos. Entramos

133

na era da Teoria Social da Informação ou a transformação do Direito *de* (Livre Expressão) para o Direito *à* (Direito da Sociedade ao acesso à Informação).

Por qualquer ângulo que se examine o tema, não há como escapar a esse grande quadro histórico das sociedades humanas. Dentro da macrorreferência ainda se sobrepõem variáveis nacionais e conjunturas atuais. Mas no âmbito sócio-político, no âmbito jurídico, no âmbito histórico-cultural, pode-se fazer um corte — a título de reflexão — sobre o processo de produção da informação/opinião. Não é fácil entrar nessa imensa caixa de vidros foscos. Os cientistas sociais freqüentemente a analisaram como tal — uma caixa sem transparência — e lhe atribuíram uma personalidade maniqueísta. O monstro da Indústria Cultural emergiu dessas teorias na primeira metade do século. Fez-se necessário, portanto, o mergulho para dentro da caixa, a fim de verificar, no processo de "fabrico" da informação de massa contemporânea, quais os dados da própria dinâmica. Hoje, com a contribuição destes estudos, realizados dentro do âmbito de produção jornalística ou da produção da indústria cultural, é possível, interligando as reflexões com as Ciências Sociais e a História, tornar um pouco mais transparentes os vidros da caixa.

O controle do Direito à Informação e do Direito de Opinião exercido dentro do processo de produção jornalística — ou seja, a ação dos proprietários e dos profissionais —, nos remete para uma complexa rede de forças que atuam sobre esse processo. Examinem-se três feixes que, na realidade, interagem dinamicamente. Já que o Direito à Informação e Direito de Opinião vêm no bojo da industrialização/urbanização e se configuram como prática das sociedades democráticas, o primeiro feixe de forças está diretamente ligado à industrialização e o segundo denota o estágio histórico-cultural de determinada sociedade na direção da conquista democrática. Um terceiro feixe de forças não é visível aos que se postam externamente à produção da informação: a ação dos empresários (ou instituições de Comunicação Social) e a ação dos profissionais ou produtores de informação e opinião. Assim, o diagnóstico do controle sobre o Direito à Informação e o Direito de Opinião passa pelo *estágio industrial da produção*, pelo *estágio histórico-cultural* da sociedade e do próprio fenômeno de Comunicação Social (Comunicação de Massa, Indústria da Informação ou, mais especificamente, Jornalismo — como queiram nomear) e pelo *estágio técnico do produtor*.

Estágio Industrial de Produção

As sociedades democráticas ou em transição para a democracia apresentam, de imediato, uma energia que as empurra para a ampla difusão da informação. Mas esta difusão — o grande leito de escoamento e de realização do Direito à Informação — está diretamente condicionada pelo estágio de industrialização. Ou seja, sem uma infra-estrutura industrial, não se dá amplo acesso à informação. A passagem do Direito de Livre Expressão burguês para o Direito Social à Informação é impulsionada, tanto nas democracias ocidentais (na esfera do capitalismo) quanto nas orientais (na esfera do socialismo), pelos avanços tecnológicos que propiciam a expansão e a agilidade da notícia.

May Rubião, pesquisadora (na área de Ciência da Administração) e assessora (na área de Relações Públicas) da empresa Metal Leve, analisa, segundo as teorias especializadas no tema, os estágios de industrialização conforme o tipo de organização e o sistema de autoridade prevalescente. Não basta verificar a modernização dos equipamentos. É preciso considerar que há uma lenta evolução das estruturas empresariais da sociedade agrícola, tradicionais para a sociedade urbana industrial. May Rubião, valendo-se da história já traçada nos países mais avançados industrialmente, identifica três períodos quanto à organização e quanto ao sistema de autoridade. Na fase inicial da industrialização, a escola de administração científica postulava apenas a recompensa pecuniária como a única motivação do trabalhador, através da produção e do incremento da competição entre companheiros. Imperava a ideologia do *entrepeneur* que instava as pessoas a imitá-lo como padrão de sucesso pessoal. "Nesse contexto" — diz May Rubião em sua participação na Semana de Estudos de Jornalismo, ECA-USP, 1986 — "o descaso pelas informações tanto internas quanto externas tornou-se uma característica essencial."

A escola de relações humanas, desenvolvida nos Estados Unidos por Elton Mayo e seus seguidores, nas décadas de 40 e 50, surgiu como reação à administração científica. Ao contrário desta, passou a acentuar os elementos emocionais, não planejados, do comportamento dos indivíduos em grupo, indicando a importância da liderança democrática da comunicação e da participação emocional na organização. "A complexidade e tamanho da grande empresa exigia que a competição e a agressividade preconizada pelo antigo capitão da indústria cedesse lugar à valorização e integração do empregado à empresa." Foi nesse contexto que se desenvolveram sistemas formais de informação e se implantaram vários veículos de comunicação, tais como o manual para empregados, o jornal de empresa, reuniões de discussão, a liderança democrática etc. Esta rede de comunicação pretende, de acordo com a escola de relações humanas, um sistema de duas vias — incluindo não só a transmissão das informações da direção aos empregados, como destas àquela, por meio de reuniões

135

mistas, sistemas de sugestões, participação em grupos de discussão, sondagens de atitudes etc.

A fase mais moderna de administração empresarial e racionalização industrial admite, como componente desse sistema de comunicação interno e externo, o conflito de interesses, de idéias ou de ações. Se a escola de relações humanas procurou reduzir o máximo possível as tensões, no intuito de apresentar um quadro irreal de felicidade e de participação — a fábrica (empresa) como uma "grande família" —, hoje os teóricos da industrialização incorporam a dinâmica do conflito. May Rubião, na continuidade deste histórico, critica o emprego de veículos para apaziguar os trabalhadores, concedendo-lhes símbolos de prestígio e afeição, em vez de participação justa e real nos resultados financeiros. "É a livre expressão de conflitos que vai revelar um quadro real das diferenças e interesses distintos, fornecendo indicações essenciais para que a organização possa se ajustar à situação real, única forma de se estabelecer um entendimento mais profícuo entre empresários, empregados e suas organizações sindicais, em busca do equilíbrio indispensável à paz da organização, com resultados profícuos para todos."

Há uma outra observação de May Rubião muito oportuna: "No Brasil, estas práticas vêm sendo implantadas, muitas vezes, sem a preocupação de adequá-las à realidade local e sem levar em conta o tipo de organização prevalescente na empresa, cuja natureza, por sua vez, depende da fase do processo da industrialização em que o país se encontra. A pequena e média indústria constituem ainda parcela considerável de nossa estrutura industrial, e modelos de sistemas complexos de informação seriam desnecessários e até incompatíveis com o *ethos* paternalista que subsiste, em várias tonalidades e variações, na administração dessas organizações. Nelas, o *patrão* não só assume, diretamente, a responsabilidade pelo 'bem-estar' de seus subordinados, como *só ele* se incumbe de transmitir as informações pelo contato direto, característico dos estágios primitivos do desenvolvimento industrial, mas em sintonia com o padrão de comportamento da mão-de-obra, na sua maioria, de origem rural."

Esta reflexão, se válida para o contexto geral da industrialização, mais ainda se agudiza em uma determinada indústria, a da informação. Tardia na sua expansão — o próprio Jornalismo surgiu no Brasil com séculos de defasagem —, a modernização industrial das grandes e médias empresas de comunicação (as pequenas têm sido soterradas pelo processo predatório de desenvolvimento) passa sempre pelos equipamentos, pelas tecnologias de impressão e emissão, mas se arrasta subdesenvolvida quanto aos modelos de organização, racionalização e administração. Ao dissecar o processo de produção jornalística, denominado pelos pares do império noticioso — *Rede Globo de*

136

Televisão, Editora Abril, O Globo, O Estado de S. Paulo, Folha de S. Paulo, Jornal do Brasil, Rede Manchete, SBT-TVS, Grupo Bandeirantes, Gazeta Mercantil —, encontramos sintomas dos avanços industriais de satélites e raio *laser*, da diversificação de produtos à informatização. Esta modernização, é bem verdade, acelerou-se violentamente nas últimas três décadas.

Mas, além de não ter amadurecido, sobretudo no que diz respeito à informação, ela obscurece a não modernização das estruturas organizacionais e administrativas e obscurece, o que é mais grave, o atrasado sistema de autoridade que controla a produção.

Seria bom remeter à evolução histórica dos países avançados e às características essenciais de cada estágio industrial. O arcabouço da administração científica, primeiro estágio, combina muito bem com o remanescente modelo familiar e patriarcal de organização na empresa de comunicação. Esta constatação não diz respeito apenas às "famílias" brasileiras, mas a toda a tradição latino-americana. É através desta estrutura que a ideologia da "casa" perpassa o jornalista, que, a rigor, deveria ser um profissional dito liberal, alocado em determinada empresa ou instituição de comunicação social. O espírito de integração — vestir a camisa —, desenvolvido até com algumas artimanhas emocionais da escola de relações humanas (segundo estágio), leva à despersonalização e à desprofissionalização de muitos dos atuais chefes nas redações, que mais parecem executivos, capitães da indústria da informação, do que jornalistas ou comunicadores sociais. A partir de um momento histórico radical, em que se testou a efetiva democratização do modelo, a efetiva descentralização do poder, que ocorreu com a grave dos jornalistas de 1979, ficou bem claro quão remota está a implantação do terceiro estágio, o que consagra o conflito e o considera como produtivo. Embora industrialmente haja aparências de desconcentração do poder — um bom exemplo é a gradativa implantação de editorias, de mini-redações dentro do conglomerado organizacional —, de fato, grupos de discussão, conselhos de redação ou outras formas democráticas de participação são uma utopia na indústria cultural brasileira.

Apenas se analisou aqui, dentro dessa complexa caixa, o coração, ou seja, a redação. Mas a produção da informação pressupõe uma divisão de trabalho com vários departamentos. Se se for considerar o conjunto industrial da informação, então o quadro fica ainda mais primitivo a nível de racionalização, organização, administração. A começar que, em *empresas de comunicação*, não há praticamente *comunicação* entre seus trabalhadores, a não ser no domínio das relações pessoais aleatórias. Eis um campo de estudo por abordar pelos pesquisadores. O problema mais sério, dentro deste esboço de diagnóstico, é a contradição entre a vivência pré-democrática dos produtores nas empresas de comunicação e o produto que elaboram para atender a demanda social democrática da informação. Muitas vezes, a empresa jornalística oferece ao repórter, ao redator, ao editor, modernos recursos de processamento dos dados, mas o conteúdo, da pauta à edição. está marcado por um modelo paternalista de decisão na escolha dos temas, no encaminhamento da edição e, portanto, no resultado final. A tecnologia apressou o fluxo noticioso, agilizando os processos de codificação, mas esse fluxo não se põe a serviço integral da demanda social. A informatização proporciona o eficiente aprofundamento das fontes de informação, mas por enquanto ela só serve aos interesses econômicos da circulação no mercado.

A indústria da informação tende, na era terciária, ao equilíbrio entre oferta e demanda. Ou seja, raciocinando em termos de leis de mercado, a produção e o produtor têm de refletir uma atenção permanente quanto às expectativas do consumidor, o que numa democracia se conceitua como Direito à Informação e Direito de Opinião. O desenvolvimento industrial pressupõe dinâmica semelhante. Um produto cultural, como a notícia ou o ponto de vista sobre o fato social, exige, mais do que qualquer outro produto industrial, uma política de equilíbrio entre a oferta e a demanda. Mas como, em empresas com modelo organizacional e sistema de autoridade pré-democráticos, vão se processar, na plenitude, o Direito à Informação e o Direito de Opinião de todos os grupos sociais, de todos os cidadãos? Esta parece ser a pergunta essencial quanto ao estágio industrial em que se encontram as empresas de comunicação, e não a rudimentar questão de instalações e equipamentos.

Estágio Histórico-Cultural da Sociedade Brasileira e da Comunicação Social

Da tardia Imprensa que se implantou no Brasil, no século XIX, à modernização da indústria cultural do século XX, arrastamos conosco a sina de uma defasagem perante a História do Jornalismo do Primeiro Mundo. A corrida de atualização do Terceiro Mundo gasta todo o seu gás na importação de tecnologia. O Brasil se orgulha, no momento, de entrar na Idade da Informática, como já se orgulhou de assinar um acordo nuclear com a Alemanha. No entanto, os conteúdos da informação e os conteúdos da opinião denotam sintomas culturais e históricos que não fazem parte dos patamares de desenvolvimento de uma sociedade democrática.

Nos países mais avançados do Norte, verifica-se uma produção informativa, na indústria cultural, que regula dinamicamente conteúdos *arquetípicos* (os dominantes na cultura de massa), conteúdos

138

gerados nas grandes matrizes industriais, os *lidertipos*, e conteúdos *osmotípicos*, resultado das trocas culturais. Esta classificação, do belga Jean Lohisse (*Communication Anonyme*, Paris, Éditions Universitaires, 1969), atende a uma demanda cultural pesquisada ou, no mínimo, percebida pelo *feeling* dos produtores. O consumidor e seus direitos/expectativas tem consciência quanto ao Direito à Informação e também quanto à sua qualidade intrínseca. No Brasil, às vezes até mesmo nos sindicatos dos jornalistas — para não falar das associações dos empresários — vivemos, histórica e culturalmente, ainda presos à defesa da livre expressão, da livre opinião que representa ou interesses corporativos ou interesses econômicos dos proprietários dos meios de produção e dos que estão no poder. Trata-se da ditadura da oferta de conteúdos da informação, mascarada pela ideologia liberal. Historicamente, os produtores da indústria da informação não superaram o Jornalismo de Tribuna, não assumiram, não introjetaram os valores da Teoria Social da Informação, marca da democracia contemporânea.

A dependência cultural do Primeiro Mundo e a corrida de atualização trazem consigo aparências de modernidade. Um pouco como o velho ditado popular: "ouviu-se cantar o galo, mas não se sabe bem onde". Assim, a passagem do Jornalismo Opinativo de tribuna para o Jornalismo Noticioso industrial, as linhas de expansão deste Jornalismo Informativo e a dinâmica intertextual das experiências norte-americana e européia, as manifestações mais contemporâneas no aprofundamento da notícia — *New Journalism*, Jornalismo Interpretativo, Jornalismo Investigativo, Jornalismo de Autor, utilização de redes de bancos de dados através da informatização —, todos estes caminhos amadurecidos no paradigma norte-americano, o mais fértil, como já está suficientemente provado, se refratam no Jornalismo e Comunicação Social do Brasil como modismos superficialmente importados, sem que se processe uma dinâmica criativa, industrialmente estimulada e culturalmente provocada.

Fazem parte desse transplante práticas e teorias que supervalorizam a embalagem em detrimento dos conteúdos profundos. Aí podemos incluir os recursos audiovisuais e eletrônicos na produção das informações; a diagramação e os gráficos nos meios impressos: a boa imagem e o bom som, o acabamento do copidesque, a seleção de elementos vistosos, primariamente apelativos. Estes são todos dados da produção industrial moderna. Quem chega ao aeroporto de Copenhague ou de Zurique, percebe, de imediato, o significado avançado da programação visual e da atraente sinalização. Mas este acabamento que maravilha os olhos é a simples embalagem de um conteúdo preciso, enraizado na organização da sociedade, culminante de um comportamento cultural historicamente amadurecido. Aqui,

139

um conceito altamente polemizado, teórica e pragmaticamente, pelos paradigmas norte-americano e europeu de Jornalismo — o conceito da objetividade —, é repassado na sua aparência, na superficialidade mais epidérmica da Teoria do Conhecimento, ou seja, vende-se gato por lebre. Muitas vezes este é um tema fixado em manuais de redação, assim como todos os demais rótulos da indústria cultural primeiro-mundista.

Talvez um breve retrospecto histórico ilumine alguns ângulos de nossa fragilidade perante os modismos importados. Como país colonizado pelos portugueses, o Brasil, já de partida, foi fortemente impregnado pelos modelos culturais europeus. As tendências iniciais do Jornalismo brasileiro denotam incorporar uma linguagem discursiva e polêmica proveniente da experiência partidária, de tribuna, que tomou conta da Europa a partir da Revolução Francesa. O Jornalismo combativo e panfletário, ou o Jornalismo Opinativo como modernamente se intitula, permanece ainda hoje como forte marca européia. O *Correio Braziliense*, de Hipólito da Costa, feito em Londres, repetia o modelo e lançava-se ao combate contra a informação áulica e absolutista. Após a independência, não faltariam polêmicas que sustentariam a tribuna. Na I República, os jornais prosseguem o exercício crítico da livre expressão contra desmandos e censuras por parte dos governos. Entramos no século XX sob a égide do Jornalismo europeu e suas campanhas de grupos de opinião. Por outro lado, os artífices literários da jovem República espraiam-se em crônicas e artigos, praticam todos os rendilhados literários do Parnasianismo. E, neste clima, faz-se pouco caso quanto ao que estava acontecendo nos Estados Unidos desde o final do século XIX — a revolução industrial do Jornalismo.

As grandes agências de notícias se encarregaram de perturbar o reinado do paradigma europeu. Sua ação estratégica, principalmente após a II Guerra, implantou internacionalmente o modelo de consumo norte-americano — a notícia como um produto de venda no mercado urbano e industrial. O Jornalismo brasileiro sofreu o impacto, assimilou-o, e a partir daí começa o gradativo declínio do monopólio do Jornalismo de Tribuna para o gradativo avanço do Jornalismo Noticioso. Tudo se passa, no entanto, sem a gestação do próprio perfil histórico. Nem bem se explorou profundamente o modelo europeu e já se passou para a esfera de outro modelo, este sim, em sintonia com a realidade da sociedade e da industrialização norte-americana. Resulta que hoje, na hibridez mal elaborada dos dois modelos, nem temos um Jornalismo Opinativo consistente, pluralista, nem temos um Jornalismo Noticioso habilitado a exercer a grande reportagem de aprofundamento e investigação dos problemas sociais brasileiros.

140

Por outro lado, como se pode pretender vender ao consumidor uma informação respeitosa da demanda social, se sua produção se processa dentro do contexto cultural da retórica patriarcal? Examinem-se os editoriais da imprensa brasileira: será seu discurso o da argumentação dialógica com a sociedade ou o pregão de uma voz de poder, monológica? Verifiquem-se, por outro lado, os discursos dos grandes entrevistadores/apresentadores de rádio e de televisão — de um Gil Gomes a um Ferreira Neto, de um programa como *Roda Viva* da TV Cultura a um *A Palavra é Sua* da TV Globo. Será este um discurso dialógico com a sociedade ou um discurso que, a partir da seleção de protagonistas ou fontes de informação, já começa comprometido com a retórica tradicional? Histórica e culturalmente falando, não se rompem os circuitos fechados, os conteúdos consagrados, os cercos do poder. A leitura aberta da realidade social não ocorre, embora se monte cotidianamente uma farsa ao abrir os microfones para conteúdos populares, na rua, na prática do modismo chamado "Povo Fala", que da televisão e do rádio se expandiu para as "pesquisas de opinião" dos jornais.

O estudo das narrativas permeia hoje todas as correntes teóricas da História e das Ciências Humanas. Pois bem, a narrativa jornalística praticada no Brasil, em meios impressos ou eletrônicos, na grande estrutura das mídias, como nas pequenas estruturas regionais e locais, e também na imprensa alternativa dos anos 70, revela a mesma importação de modelos, sempre com uma defasagem histórica e vazia de dinâmica criativa e amadurecimento. Importamos a técnica do *lead,* como importamos a pirâmide invertida, os *bar graphic, pie graphic* e *fever graphic,* o *copy-desk,* as editorias, o *dead-line* etc. etc. etc. Claro, há sempre uma margem para a criatividade individualizada, tanto a nível de produtor quanto a nível de empresa produtora. Mas no conjunto das narrativas da informação jornalística, a falta de resposta cultural brasileira está bem estampada na grande reportagem que as mídias editam hoje. Houve até uma promessa vigorosa desenvolvida dos anos 50 ao início dos anos 70, mas a semente feneceu no conjunto da produção, ficando apenas viva nos pequenos e ilhados reservatórios de resistência. Que, em geral, são indivíduos fiéis a essa pesquisa. Que pesquisa? As grandes fontes de inspiração para o que seria uma narrativa de ampla difusão, portanto sintonizida com a sensibilidade brasileira, são a *cultura popular* e a *arte* — literatura, cinema, música, artes plásticas, teatro. Aí, sim, encontramos narrativas brasileiras. No Jornalismo, não. Talvez por isso, sejam tão aborrecidas e continuemos condicionados ao *summary* (*lead*-sumário) que resolve nossa precária informação.

É inevitável que se aborde outro dado fundamental de nosso contexto histórico-cultural. Os avanços e modernização tecnológica do parque jornalístico do país ocorreram num momento de gravi-

141

dade: as ditaduras do Estado Novo e a mais recente dos militares estabeleceram as balizas da industrialização e da modernização nos seus estágios mais primitivos. A estrutura da empresa industrial, no Brasil, não só guarda os valores culturais remanescentes da sociedade agrícola, pré-industrial, como está contaminada pelo autoritarismo que lhe serviu de suporte para o seu desenvolvimento. Os compromissos com esse quadro histórico não se apagam de repente na transição democrática que vivemos. Há até um descompasso de oferta e demanda também neste sentido: a abertura e a transição para a democracia ou, se quiserem, para a redemocratização, provocaram na sociedade, a efervescência política, a abertura — muitas vezes forçada — do universo de locução, as pressões de grupos, as explosões de demanda ou, em contraposição, violentas retrações de consumo. O conjunto desse universo social oferece oscilações imprevisíveis, contração e descontração, esperança e desesperança, enfim, uma rica dinâmica de conquista de participação. E o que o Jornalismo brasileiro tem percebido e canalizado para seus conteúdos de informação? A resposta foi bastante precária na campanha das Diretas Já foi precária na edição dos Planos Cruzados I, II e III, está sendo precária na cobertura da Constituinte. E se falarmos na Reforma Agrária, no problema habitacional, no caos penitenciário, na interpretação da violência urbana, na dramática questão de Saúde Pública, Alimentação, Segurança do Trabalho, Transportes Urbanos...

Há um dado alarmante que faz parte deste capítulo: assim como o brasileiro alfabetizado médio, também o produtor de informação não pesquisa a história de sua cultura, a história de seu povo, a história da sociedade em que está inscrito como canal e agente de comunicação. Muito grave é o desconhecimento da História do Jornalismo para além da fronteira nacional, a evolução de um fenômeno que não se resume à questão atual da Informática. De onde viemos, o que estamos fazendo, que hipóteses se colocam para o futuro — eis inquietudes que não passam pelo dia-a-dia dos produtores de informação. Este a-historicismo se torna visível em notícias muito importantes, dadas em dez ou vinte linhas, trinta segundos de rádio ou televisão, onde o leitor, ouvinte ou telespectador se frustra diariamente ou traduz esse vazio em distração, projetando a atenção para outro foco. Antes se comentava que este crime era cometido pela instantaneidade do rádio e da televisão. Hoje não vale mais esta sublimação para justificar a falta de enraizamento no tempo e no espaço de uma significativa pauta, comum a todos os meios de comunicação e por todos tratada com uniforme superficialidade. A ausência de consciência histórica como traço patológico da sociedade brasileira — bastante acentuado pelo regimes autoritários — sublinha nossa dependência e nossa fragilidade. A democracia e o Direito Social à Informação são conquistas que nascem com a consciência de tempo, o acúmulo de experiências e de saber do *Homo Sapiens* (V. *A Aventura Humana do Real ao Imaginário*, de Milton Grecco, Perspectiva, São Paulo, 1987).

Estágio Técnico do Produtor

O profissional e o empresário dos meios de comunicação se inscrevem no amplo contexto da sociedade, sofrem todos os condicionamentos estruturais e conjunturais do Brasil histórico e do Brasil de hoje, bem como a situação do Terceiro Mundo em que o país, por sua vez, se insere. A nível de indústria cultural e a nível de produção técnica não escapam também às conjunturas contemporâneas internacionais. O esforço para eliminar os descompassos tem privilegiado, como já foi dito antes, a tecnologia. Com isso, poucos investimentos têm sido carreados para os recursos humanos que produzem a informação — o jornalista ou o comunicador social.

Enquanto a bibliografia especializada registra o perfil técnico deste profissional encarregado de exercer as funções de um vaso comunicante (na nomenclatura do teórico francês Abraham Moles), em competente sintonia com as necessidades das modernas sociedades urbanas e industriais, discute-se ainda, no Brasil, se jornalista deve ou não ser formado, se nasce feito ou não por inspiração do Direito Divino ou do talento inato. Todas as profissões se institucionalizam através de uma prática e de um acúmulo de saber que proporcionam a pesquisa contínua e a permanente recriação dos instrumentos de trabalho. Este saber precisa de vias institucionais que preservem, socialmente, o acervo adquirido, proporcionem a ampla e democrática delegação do conhecimento às novas gerações, e dessa fertilidade do encontro entre o já experimentado e a criação do futuro nasce a dinâmica do saber. Isto se aplica tanto às técnicas de produção da comunicação social quanto às teorias que alimentam seu desenvolvimento e a superação de suas deficiências. A avaliação do estágio técnico da produção pressupõe, pois, o diagnóstico atual e histórico das competências profissionais.

À primeira vista, tomando como parâmetros indicadores técnicos já constantes da bibliografia e da práxis nesta área, o espetáculo à nossa frente é desolador. Fica visível aos mais argutos toda vez que se estabelece um grande debate sobre pautas que atingem diretamente a ampla demanda social. As expectativas do espectador se frustram, na medida em que os comunicadores (jornalistas) são incapazes de representá-lo, com competência técnica, junto às fontes de poder. Com raras exceções, o entrevistador mostra amadurecimento técnico diante de um entrevistado autoritário (concentrador de poder, autor de desmandos sociais, sonegador de informações).

Por outro lado, a universidade brasileira, a quem cabe, desde a década de 40, formar este profissional, não examinou crítica e profundamente os resultados de quatro décadas de investimento. Massacrada pelos períodos autoritários, especialmente os anos negros da última ditadura, sofreu inúmeras interrupções, foi esvaziada de seu conteúdo crítico e criativo, não teve condições de desenvolver a pesquisa e o conhecimento, terminou sendo vítima de retrocessos. Quando surgiram os cursos de Jornalismo nas faculdades de Filosofia, no final da década de 40, a primeira clientela — profissionais já iniciados — procurou nos bancos de escola uma carga de informações humanísticas, carência de que se ressentiam os jornalistas. A intenção era positiva e a oferta da universidade não frustrou essas primeiras gerações que estudavam então História, Literatura, Filologia, Sociologia, Ciência Política, Estética, Filosofia. As disciplinas técnicas eram incipientes e faltavam professores no quadro da faculdade de Filososofia. A dinâmica da urbanização e industrialização ampliou tanto o mercado jornalístico quanto o acesso de novas gerações à universidade (observa-se sobretudo a ascensão da mulher à profissionalização). Dos anos 50 para os anos 60, mudou a clientela dos cursos de Jornalismo: inicia-se o ciclo da clara opção de um finalista de curso secundário que quer ser jornalista, e não médico, advogado ou engenheiro. Aliás, nesse mesmo período, o jovem que se definia pela Administração estava em condições semelhantes. Também o sociólogo. Todas, profissões ainda não regulamentadas. O ingresso destes jovens na virada da década de 50 exigiu o debate sobre a dosagem de disciplinas humanísticas e disciplinas técnicas. Estes mesmos rebeldes jovens bateram pé por exercício prático dentro da universidade, em laboratórios. Datam daí as experiências de jornal-laboratório e de rádio da universidade. Permaneceu, todavia, o vácuo de professores pesquisadores que assumissem as disiplinas técnicas. A universidade recorria à única fonte possível, buscar profissionais no mercado, geralmente representantes de sucesso, e os improvisava em professores.

Ao ingressarmos no período autoritário, em 1964, a situação se agravou em várias frentes: a repressão foi afastando da universidade os conteúdos humanísticos críticos, num processo de várias etapas, mas irreversível (basta exemplificar com uma disciplina cortada dos currículos de Jornalismo — Ciência Política); os recursos para a pesquisa, para os laboratórios, para as bibliotecas, para a contratação de novos professores foram escasseando nas escolas públicas; em contrapartida, a política do "milagre", já nos anos 70, estimulou a criação de escolas privadas e da indústria do diploma; no plano econômico, a indústria cultural explode e se diversifica, exigindo mão-de-obra também mais diversificada. No final dos anos 60, os cursos de Jornalismo despedem-se da faculdade de Filosofia e vão constituir unidades autônomas — escolas de Comunicação Social —, a fim de responder a esta demanda entusiasta de comunicadores — já então jornalistas, editores de livros, publicitários, relações públicas, assessores de comunicação. Mais do que nunca faltam professores para todo um novo elenco de disciplinas técnicas. A euforia meluhaniana do "quem não se comunica se trumbica" foi catalisada sobretudo pelos proprietários de escolas privadas, que chamavam a seus vestibulares candidatos para 200 vagas por ano ou até por semestre. Enquanto isso, as universidades federais e as estaduais debatiam-se no clima de miséria e opressão. Apesar de tudo, a resistência enfrentou o desânimo e o medo. A própria ECA, na Universidade de São Paulo, é um testemunho dessa luta contra a adversidade. Tanto é verdade, que uma das experiências do Departamento de Jornalismo — a Agência Universitária de Notícias — e uma experiência do curso de Editoração, do mesmo departamento — a Editora ComArt —, foram consideradas subversivas, e o departamento foi progressivamente alvo da repressão até ser desmantelado em 1975.

Houve também uma via de resistência intelectual na experiência de pós-graduação em Ciências da Comunicação, na Universidade de São Paulo, ECA, que hoje já comemora seus quinze anos. Aí se aperfeiçoaram pesquisadores, aí se processam o aperfeiçoamento intelectual e a especialização de técnicas e professores que tentam, muitas vezes por um esforço exclusivamente pessoal, acumular um saber necessário à Comunicação Social. De qualquer maneira, a saga da universidade brasileira — que tanto pode ser analisada nos cursos de Medicina quanto nos cursos de Jornalismo ou Comunicação Social — nos indica uma caminhada repleta de acidentes de curso, de interrupções quanto à produção científica e qualidade de ensino, de impossibilidades ao traçar o próprio histórico e avaliação do desempenho.

Os empresários de comunicação não têm contribuído para o desenvolvimento profissional e o aperfeiçoamento das vias institucionais de formação de mão-de-obra. Na realidade, as próprias empresas não colocam claramente um padrão industrial avançado a serviço da demanda social. Embora usem, em campanhas publicitárias, ingredientes democráticos de Direito à Informação, os conteúdos que veiculam não manifestam o profissionalismo inerente ao equilíbrio entre a oferta e a demanda da sociedade brasileira. Um exemplo do desequilíbrio e das contradições da ditadura da oferta são os conteúdos relacionados aos interesses nacionais, terceiro-mundistas, e os interesses dos grandes capitais internacionais. Em recentes coberturas sobre a moratória ou sobre a reserva de mercado da Informática, ou da conversão da dívida em capital de risco, boa parte dos conteúdos da informação abandona o quadro de referência da sociedade brasileira para se pôr a serviço das expectativas internacionais. Ou então, dentro da fronteira nacional, submetem-se umbilicalmente ao poder e a grupos econômicos e praticam a demagogia da objetividade jornalística. Os capitais nacionais e internacionais exercem, portanto, formas de controle ao Direito Social à Informação. É fácil praticar o discurso do compromisso com o leitor, da independência ideológica e da eficiência profissional na busca da verdade; outra coisa é verificar as práticas de temas e coberturas nos momentos contundentes. Um dos clássicos calcanhares-de-aquiles é a questão da terra no Brasil.

Resta-nos particularizar o perfil do técnico em informação. Devemos considerar padrões desenvolvidos externamente — sobretudo os norte-americanos e os europeus — e observar também a pesquisa em processo na nossa própria realidade. É preciso ter a coragem de estalebecer parâmetros para um produtor apto a exercer o Direito Social à Informação, confrontá-los com a prática cotidiana brasileira nos meios de comunicação de massa e objeto de treinamento nos cursos de Jornalismo, chegar então a metas de aperfeiçoamento profissional. Sem atingir este estágio, os entraves da plena difusão, eficiência de legibilidade, atendimento à grande demanda da sociedade brasileira, contribuição para a elucidação de certos contextos graves de nossa história presente, não serão superados.

Alinham-se agora alguns traços fundamentais para o perfil de um produtor de informação na democracia:

1. *Ética profissional* — o perfil deve ter como argamassa todos os comportamentos, todos os instrumentos de trabalho, todas as estratégias de ação um sólido compromisso ético com o Direito Social à Informação. Ou seja, uma clara e prioritária adesão aos anseios, necessidades e direitos dos públicos, da demanda social.

2. *Capacidades técnicas para investigar a realidade presente e imediata* que se fazem necessárias para:

2.1. Informar a pauta, ponto de partida da informação jornalística, e enraizá-la no tempo e no espaço. Um tema presente consagrado como notícia ou molécula de informação precisa ser previamente pesquisado no acervo bibliográfico, nos bancos de dados, nos arquivos convencionais, a fim de que se conheça o lastro histórico deste mesmo tema. Antes de o repórter ir à rua buscar o depoimento junto às fontes de informação vivas, deve preparar-se através desses subsídios em que se situa a pauta no tempo histórico e no espaço, o mais universal possível.

2.2. Armar a pauta de uma rica busca de fontes de informação. Neste sentido, é preciso mover guerra contra as rotinas, contra os comportamentos viciados, contra o monólogo do poder manifesto nas fontes consagradas pela empresa. Há recursos hoje possíveis de manipular através da informatização, que ofereceriam opções nacionais e transnacionais muito ricas, através de uma rede de fontes conectada por computador.

2.3. Capacidade interpretativa do fato social nas suas múltiplas forças. Propõem-se quatro linhas de especulação na pauta (*A Arte de Tecer o Presente*, Cremilda Medina, Paulo Roberto Leandro, ECA-USP, São Paulo, 1972): a especulação dos antecedentes do fato; a especulação sobre o grande contexto social do fato/notícia; a enquete de opiniões especializadas; e a particularização de determinados protagonistas do acontecimento, através do estudo de caso ou perfil jornalístico. A pauta pode ou não render todas ou algumas dessas aberturas interpretativas.

3. *Capacidade de relação com a realidade social* — uma vez em trabalho de campo, o repórter deve estar instrumentado para:

3.1. Saber trabalhar com a observação, através de técnicas aprendidas, saber acumulado. Seu olhar-câmara e o desarmamento da percepção, pesquisados conscientemente, ajudarão a atenuar os véus ideológicos que nos impedem um debruçar atento sobre a realidade fora de nós. Da cifração temos que avançar para esforços de decifração. (Verificar importante contribuição teórica em Edgar Morin, *Para Sair do Século XX*, Rio, Editora Nova Fronteira, 1987.)

3.2. Desenvolver técnica e criticamente o principal instrumento de relação social (ou comunicacional) do jornalista — a entrevista. Enquanto as Ciências Humanas se preocupam profundamente com o problema e criam conhecimento, *how to do*, os jornalistas entregam-se ao facilitismo do talento inato ou do aprendizado por "osmose" no dia-a-dia. (*Entrevista, o Diálogo Possível*, Cremilda Medina, Ed. Ática, São Paulo, 1986.)

4. *Capacidade técnica e artística no domínio da linguagem* — a arte/técnica da narrativa do fato social contemporâneo (notícia) exige qualidades de desempenho: legibilidade, compreensão, emoção e interesse (para conquistar o consumidor), precisão e credibilidade, criatividade dentro dos limites da legibilidade da maioria das audiências. Em síntese, preenchidas essas qualidades (projeto de pesquisa a longo prazo), atingiríamos o fértil terreno da comunicação social.

5. *Acúmulo de informações e vivências a serviço do enriquecimento profissional* — se um dentista ficar toda a vida aplicando, em seu consultório, a mesma técnica de tratamento de cárie que aprendeu no curso universitário, não crescerá como profissional. Da mesma forma, um jornalista que aprende (rapidamente) os macetes da profissão, enfia-se numa carreira de ascensão burocrática e repete os reflexos condicionados até a aposentadoria. Este projeto de pes-

quisa e acúmulo de repertório acompanha o profissional dinâmico, criativo, a vida inteira. Claro que as condições de trabalho nas organizações industriais brasileiras não proporcionam nem recursos nem estímulos para o aperfeiçoamento/aprofundamento dos profissionais das redações. É mais fácil investir em um engenheiro da empresa do que em um jornalista, para que ele vá estudar, experimentar novas técnicas. Um simples programa dessa natureza não entra em cogitação na política de recursos humanos. (A rádio da Dinamarca, por exemplo, se dá ao luxo de liberar seus editores para um curso de dois meses, com professores de universidade, a respeito de fluência na entrevista radiofônica.)

Através deste sintético mapeamento dos requisitos para uma competência criativa e crítico-reflexiva, verifica-se, *grosso modo*, que os produtores manifestam um desempenho aquém da responsabilidade do Direito Social à Informação. Também a grande maioria do contingente dos profissionais (salvo exceções que aqui não convém enumerar), assim como, no domínio empresarial, a maioria dos postos de decisão não atingiram o estágio técnico compatível com a sociedade democrática, urbana e industrial. Ou mais diretamente: não estão tecnicamente aptos para mover o equilíbrio e a dinâmica da oferta e a demanda social da informação. Mas esta é a ponta do *iceberg*. O estágio do produtor, o estágio da indústria cultural, o estágio histórico-cultural da sociedade brasileira e da transição para a democracia fazem parte de um único e trágico impasse: ou avançamos para o diagnóstico dos atrasos, todos no conjunto da nação, cada um na parcela da própria responsabilidade, ou permaneceremos sublimando com demagogias a incompetência para a mudança. A competência para a mudança pressupõe, acima de tudo, o compromisso ético com a Sociedade e com o Homem.

CONCLUSÕES E NOVAS HIPÓTESES

A primeira etapa de reflexão atingiu um resultado: a articulação de problemas difusos, a consciência de certos limites e uma proposta mais clara do extenso caminho de pesquisa por percorrer. O tema é amplo demais, porque a preocupação não se limita à mensagem fechada em si. O contexto em que ela se expressa exige mais do que a leitura dos conteúdos expressos. E, na busca dessa abertura, surgem muitas novas hipóteses de trabalho.

A primeira parte levantou o grande contexto da mensagem jornalística nos centros urbanos industrializados. Para isso, foi preciso considerar, de um lado, a indústria cultural inclusa na conjuntura internacional; de outro lado, a posição das cidades de países em desenvolvimento, ainda não totalmente definidas numa sociedade de consumo pós-industrialização. Ao jogar com essa superposição, não é possível optar por uma mensagem que se defina como informação ou como produto de consumo. Adotei a categoria informação/consumo como reflexo imediato da estruturação da mensagem jornalística nos centros urbanos brasileiros, sobretudo Rio e São Paulo, casos típicos de concentração industrial. O nível-massa dessa informação tende a predominar sobre o nível grupal e o nível pessoal. Encontramos como fonte mais importante os conteúdos comuns da indústria cultural. A hipótese nova que se levanta: até que ponto a mensagem-massa é totalmente dependente dos centros urbanos exportadores de lidertipos ou existe algum dinamismo interno na mensagem/consumo voltada para o Brasil? Com base na fundamentação teórica que, hoje, tenta encontrar as contradições de indústria cultural, tomaria a segunda parte da hipótese como válida e tiraria daí as coordenadas de outra reflexão.

Na segunda parte, tento situar um quadro descritivo de tendências ou manifestações da mensagem jornalística impressa. Relacionando com a primeira parte e os níveis-massa, grupal e pessoal (categorias de Jean Lohisse), surgem como manifestações típicas: a informação imediata (notícia), a informação ampliada (grande reportagem interpretativa) e a opinião expressa. O consumo se realiza ao nível da informação imediata e da informação ampliada. A opinião é uma manifestação grupal (grupos econômico-políticos no jogo de poder de decisão). É o nível pessoal (criação individualizada) que se expressa na mensagem-consumo, na medida em que os criadores se voltam para a indústria cultural ou, menos enfaticamente, no nível grupal, colocando a argumentação racional a serviço de "certas causas" partidárias. Nesta parte, ficaria com uma nova hipótese: a mensagem-consumo tende a absorver o espaço dedicado à mensagem-opinião, porque aquela se aproxima mais da mensagem-tipo da indústria cultural.

A terceira parte propõe quatro categorias de análise para a estrutura da mensagem jornalística. Angulação, edição, captação e formulação representam os elementos de um esquema de relações estruturais para a mensagem de imprensa. Cada uma delas foi estudada em relação com a outra, e todas, no contexto amplo, se remetem à indústria cultural: angulação de massa e mensagens informativas e interpretativas; angulação grupal e mensagens opinativas; angulação pessoal e mensagens assinadas se realizam na relação com a edição, representada por prepostos (os editores) da organização pré-industrial e do modelo de organização técnica pós-industrialização que começa a vigorar nas grandes empresas. Para que uma mensagem seja editada é imprescindível a captação das informações e os aspectos que lhe dizem respeito: os grandes monopólios de informação, a seleção de telegramas, os recursos próprios de captação (corpo de repórteres e sua relação com o real numa captação perceptiva regida pela intuição e pela tradição oral ou conscientemente técnica) e o corpo de editorialistas e articulistas. Da categorização desses elementos do processo ficam algumas importantes hipóteses:

1. A angulação da empresa jornalística brasileira (a dos focos irradiadores) coincide com a angulação das grandes agências internacionais de notícias?

2. Em que setores de informação atua mais o nível grupal: no jornalismo informativo, interpretativo ou opinativo?

3. Qual o quadro preciso da geopolítica de informação em relação às pequenas agências de notícias nacionais e latino-americanas, e do grande centro brasileiro para a pequena cidade?

4. O perfil técnico de nosso repórter médio coincide com a figura intermediária da comunicação coletiva?

5. O nível pessoal de criação se expressa mais na reportagem assinada que na mensagem opinativa?

Essas hipóteses interrogativas podem se transformar em respostas na medida em que aplicarmos à análise dos dados empíricos, visíveis, grosseiramente interpretados, um modelo mais global de reflexão. Quanto à formulação da mensagem, foi conveniente desdobrar na quarta parte do trabalho por se tratar de uma extensa discussão. Admitindo como base operacional de análise que a formulação é substitutiva (isto é, uma notícia não é mais o ato real, mas a representação do mesmo numa mensagem), se estabelecem duas codificações — a verbal e a visual. Ao me deter na codificação verbal, ainda a predominante quantitativamente no jornal impresso, estabeleci como primeiro passo uma análise estilística e não um método de lingüística estrutural. Nessa análise, foram levantados certos traços significativos que merecem, cada um deles, um estudo posterior em profundidade. A rigor, nesta parte, não é possível levantar hipóteses, mas indicar campos específicos de estudo quanto à mensagem verbalizada. Primeiro, na macroestilística da informação, levanto algumas categorias de seqüências informativas em função de um estilo pré-consumo: a relação do narrador/fonte de informações/leitor como expressão do *eu*, como intermediário técnico e a fusão de ambos; a cena e o real concreto alimentando a tentativa de reconstruir a contigüidade, a "ilusão referencial" do imediatismo de consumo; e os apelos estilísticos típicos da mensagem/indústria cultural. Na macroestilística, dois segmentos para pesquisa: o universo lexical e as relações sintáticas da frase jornalística. Os últimos temas, no afunilamento de experiências de pesquisa em fase de simples observação, denotam três incipientes hipóteses:

1. O vocabulário da informação jornalística tende a recapturar os usos coloquiais da realidade da fala, e por isso é incompatível com as estratificações de elite;

2. A necessidade de atingir o nível-massa em maior escala leva a uma seleção de vocabulário médio das grandes camadas e recusa o léxico de grupos especializados;

3. O contexto significativo sonho/realidade da mensagem/consumo se revela na contradição vocabular palavras muito concretas, referenciadas à realidade imediata, envolvidas por diversas formas de conotação que carregam de ambigüidade a proposição referencial.

Nas relações sintáticas da microestilística, ficaram categorizadas para comprovação em pesquisas sistemáticas, quatro frases-tipo: a de estrutura linear cronológica, a de estrutura linear "objetiva" que estabelece a escala "direta" de importância dos fatos, a frase-consumo alinear e a frase de expressão individual (criação).

A grande vantagem do modelo em que várias componentes se articulam em vários níveis é a possibilidade de compreensão crítica que um repórter pode adquirir ao trabalhar no processo jornalístico. Na realidade, ele — elemento-chave dessa dinâmica — muitas vezes produz mensagens e percebe resultados negativos ou positivos sem saber dos fatores que entram em jogo.

ANEXO I

Análise de Duas Coberturas. A Edição

A análise focalizou duas coberturas, acompanhando todo o ciclo em dois jornais do Rio e três de São Paulo. O acontecimento que possibilitou essa pesquisa foi a visita de Nixon à China, em fevereiro de 1972 e, posteriormente, a visita a Moscou. O objetivo era levantar o nível de captação por meio de agências internacionais e o nível de captação do esforço próprio das empresas jornalísticas brasileiras. Um fato favorecia imediatamente a formulação da hipótese: os jornais em estudo, empresas jornalísticas principais do país, não enviaram jornalistas para a China. A hipótese se evidenciava: na cobertura internacional de um acontecimento como esse, dependemos exclusivamente da grande indústria da informação.

A hipótese se confirmou não só no plano da captação como no da edição e da angulação. A cobertura se identificava com o plano geral das agências norte-americanas. A France Press e a Tass não penetraram no mesmo nível. Como a própria pesquisa afirma, o fato se transformou numa grande viagem turística, curiosa, em busca do exótico e num abraço fraternal de dois mundos conflitivos. A observação direta das informações, a análise de seu conteúdo mostra, em primeiro plano, o nível-massa dos olimpianos, das emoções, da diversão e piada, da leitura anedótica e amena de um relato de viagem. Em segundo lugar, bem mais discreta, a presença de opiniões especializadas — houve até o caso de um artigo de um professor universitário norte-americano que situa sociologicamente o relacionamento da China e Estados Unidos. A maior parte dos artigos opinativos, entretanto, não são comentários de argumentação, mas simples repetições da reportagem geral da viagem, na mesma angulação.

O ciclo entusiasmado desse acontecimento, bem no estilo cultura de massa, foi consumido e se desgastou — dinâmica característica da produção cultural. A prova disso é a tentativa frustrada de manter a mesma angulação na viagem de Nixon a Moscou. As fórmulas

153

aplicadas na primeira cobertura não encontraram sucesso junto à massa, que já tinha consumido "uma grande viagem", três meses antes. Os jornais tiveram consciência do desgaste e, aos poucos, o espaço foi tomado por acordos internacionais (na íntegra) tentando superar as informações anedóticas que não vendiam mais. Mas a nova política não se delineou claramente, e os jornais perderam a leitura, sem acertar o estilo. Parece haver aqui alguns elementos de reflexão quanto à dinâmica do consumo de informações que mereceria um exame à parte.

VIAGEM DE NIXON À CHINA

A importância das informações sobre a viagem de Nixon à China ficou tão evidente no espaço ocupado nos jornais que fica a pergunta: foi uma grande cobertura ou uma cobertura grande?

O estudo comparativo em cinco jornais, do dia 17 ao dia 29 de fevereiro de 1972, partiu do balanço da carga informativa à análise qualitativa e aos efeitos da cobertura numa pequena amostra de público. O objetivo era situar o *Jornal da Tarde* em relação aos outros jornais — *O Estado de S. Paulo, Jornal do Brasil, O Globo* e *Folha de S. Paulo.*

Na primeira etapa do estudo, a amostra utilizada foi:

FEVEREIRO, DIA:

JORNAIS	17	18	19	20	21	22	23	24	25	26	27	28	29
Jornal do Brasil	x	x	x	x		x	x	x	x	x	x		x
O Globo	x	x	x		x	x	x	x	x	x		x	x
O Est. de S. Paulo	x	x	x	x		x	x	x	x	x	x		x
Jornal da Tarde	x	x	x		x	x	x	x	x	x		x	x
Folha de S. Paulo	x	x	x	x	x	x	x	x	x	x	x	x	x

"A CHINA PASSOU DE UM DRAGÃO PERIGOSO A UM PAÍS E UM POVO ENGRAÇADINHOS"

Na cobertura, uma preocupação clara: fornecer ao leitor todos os ângulos pitorescos dos personagens que viviam a ação. Mas essa angulação nãc foi local, dos jornais estudados. Vinha pronta das agências norte-americanas. Como não houve repórteres desses jornais junto ao acontecimento, toda a cobertura foi importada. Os editores assumiram a captação das agências com toda a tranqüilidade. Foram um ou outro acréscimo, geralmente histórico, de arquivo (mas até isso, ou as agências mandaram ou já estava guardado), o resto foi apenas diagramação e acabamento de texto. As informações se comportaram exatamente no nível cultura de massa. A visita foi irradiada nos mínimos detalhes de um diário de viagem; os focos foram sempre os personagens políticos e a esposa do presidente norte-americano, a grande vedete da cobertura, realizando diabruras na China. O ambiente, sobre o qual havia muita expectativa de informações — China, seus habitantes, valores e hábitos de vida cotidiana —, ficou em segundo plano. Só a *Folha de S. Paulo* deu duas matérias, uma, muito rápida, sobre costumes e outra sobre moda. A cobertura estava superpovoada de curiosidades, sempre em torno dos olimpianos, piadas no momento solene e cronologias do ritual. Os temas foram selecionados para o consumidor, como uma grande viagem turística. Os discursos e resoluções, também em versões oficiais para o grande público Ocidente/Oriente, não acrescentavam dados novos.

A opinião foi muito valorizada nos jornais brasileiros. Houve o cuidado intencional de um jornal competir com o outro em comentaristas do grande acontecimento. Os comentaristas nacionais ficaram num plano totalmente inferiorizado diante do espaço que os norte-americanos ocuparam. Realmente, o comentário era uma questão de quantidade. Só o *O Globo* não entrou nessa enxurrada de artigos; a *Folha* também valorizou a opinião de comentaristas nacionais (Newton Carlos sobretudo) e não deu tantos artigos de agência como os outros. Dessa massa de artigos, aproveitaríamos 50% — metade dos artigos são superficiais, redundantes dos telegramas de agência, não acrescentam nada; e há dias, como 21, 22, 23, 25 e 26 (portanto, a maioria), em que o nível de aproveitamento não sobe a 30%. Já no *Jornal do Brasil*, como publicou em menor quantidade, a qualidade está entre 50 e 100% de aproveitamento — bons artigos nos dias 17, 18, 25 e 26, e nos dias 22, 24, 27 e 29, 50% dos artigos são de nível informativo e interpretativo. *O Estado de S. Paulo* apresenta uma média de 60 a 70% de matérias assinadas que rendem. Na *Folha*, o nível esteve entre os extremos — além de poucos artigos, houve dias de 0% de rendimento, dias em que não passou de 30%, dias de 50% de aproveitamento e três dias de bons artigos (17, 18, 20), isto é, claro, num baixo índice quantitativo: enquanto o *Jornal da Tarde* ia até sete artigos por dia, a *Folha* não passou de quatro, um dia apenas. *O Globo* está fora de comparação, porque ignorou este ângulo da cobertura — publicou três artigos em doze dias.

O nível dessa massa de artigos, no *Jornal da Tarde,* ficou prejudicado pela quantidade. O leitor tinha diante de si uma ou duas, até três páginas de matérias assinadas. Matérias que de antemão exigem um esforço de leitura específico. Em muitos casos, essa leitura gastava muito tempo sem recompensa. A reportagem dos banquetes, dos ursos, das escarradeiras, ocupou grande parte dos jornalistas intitulados comentaristas, que não passavam de repórteres fotográficos dos fatos. Até um James Reston incorreu nessa falha uma ou outra vez. Não se pode criticar apenas estes dados. O *Jornal da Tarde,* a par de artigos medíocres, publicou os melhores comentários que apareceram na cobertura: "A Diplomacia Russa Já Saiu na Frente", de Hendrick Smith; "A Estratégia de Pequim", de Michel Oksemberg; "A História Desse Aperto de Mãos", de Emile Guikovaty; "O Que Há É Um Confronto de Sociedades", de James Reston; "Para Onde Está Indo o Mundo Agora?", de Richard Lowenthal (em dois dias); "Formosa Será Tema Eleitoral", de Raymond Heard. Fora uma ou outra omissão, estes artigos valiam um esforço de leitura porque tinham conteúdo e sistemática interpretativa indiscutíveis. Mas no meio de tantos outros que não levavam a nada, será que o leitor podia selecionar e formar uma imagem dos artigos através dos bem escolhidos? Não teria sido função da editoria processar a essa seletividade?

O *Estado de S. Paulo* publicou quatorze artigos iguais aos do *Jornal da Tarde,* alguns deles com um ou dois dias de atraso. As mesmas observações feitas ao *Jornal da Tarde* são válidas para o *Estado,* só que não publicou os melhores artigos apontados acima, exceto um ou outro de Reston e de Hendrick Smith. O que se salientou em *O Estado de S. Paulo* foi a presença interpretativa e globalizadora de "Notas e Informações", criação do próprio jornal, mas que representou em alguns dias uma contribuição mais especializada que muitos dos artigos. A análise crítica da visita do dia 20 de fevereiro e a análise do poder ("A Política de Equilíbrio do Poder") do dia 26 são dois exemplos.

No *Jornal do Brasil,* apenas cinco artigos coincidiram com o *Jornal da Tarde.* Como houve uma seleção bem rigorosa, em espaço, saíram artigos de nível como "O Conceito de Poder Segundo Mao", de Tillman Durbin; "Os Novos Negócios da China", de Mauro Santayana Bonn; "Essa Viagem é Necessária?", de George Ball; "A Troca de Namoradas", de Mary-Ann Ashenhole; e o indispensável James Reston, artigos coincidentes no *Jornal da Tarde* e *Estado.* A presença dos articulistas Octávio Bonfim e Carlos Alberto Wanderley não apresentou o rendimento de "Notas e Informações" de *O Estado de S. Paulo.* As impressões gerais, a síntese da visita que todos deram e até as banalidades preencheram os artigos dos dois.

Vilém Flusser, no plano de comentaristas estrangeiros, Newton Carlos e Victor da Cunha Rego, entre os nacionais, caracterizaram o nível dos artigos na *Folha de S. Paulo*. Além desses, aparecem John Roderick com uma biografia de Chu-En-Lai, um histórico da USIS sobre as eleições nos Estados Unidos e um artigo de Colina Macdougall, "Mais Perguntas do que Respostas na China". Os demais comentários apresentam a mesma fragilidade já apontada no caso do *Jornal da Tarde* e de *O Estado de S. Paulo*.

Dos três artigos que *O Globo* deu, não são propriamente artigos assinados, são comentários de uma coluna "Comentário Internacional" — não ficou nada significativo, senão uma autocrítica da insuficiência de informações para comentar a visita de Nixon:

"A esta altura dos acontecimentos, portanto, seria prematuro tirar conclusões. Nem existem elementos que permitam chegar a uma conclusão qualquer. As informações são escassas, as fontes oficiais não falam e será preciso aguardar o comunicado final para formular uma opinião." ("Há Sabotadores Embaixo da Ponte", Comentário Internacional — *O Globo*, 25 de fevereiro).

O *Jornal da Tarde*, neste quadro comparativo de artigos sobre a viagem de Nixon à China, apresentou os seguintes resultados (de forma esquemática):

1. Superioridade numérica.

2. Faltou seletividade, de maneira a eliminar um grande número de artigos sem conteúdo informativo, interpretativo ou analítico.

3. Apresentou os melhores artigos da cobertura, mas não teve presença de textos de assinaturas próprias do jornal.

ESTRUTURA GERAL DAS INFORMAÇÕES

O material informativo comum a todos os jornais fez com que a cobertura variasse pouco de um jornal para outro. As informações se agrupavam numa classificação mais ou menos geral:

— A reportagem dos fatos do dia;

— A repercussão política dos fatos no resto do mundo;

— A preocupação com humanizar os "personagens" implicados na visita;

— A análise política (e em menor escala econômica e social) dos acontecimentos;

— A observação de situações e fatos que revelassem a China para o Ocidente;

— O papel da Imprensa.

Todos os jornais tocaram mais ou menos intensivamente nestes aspectos. Já foi analisada a carga quantitativa. O que se pode salientar na angulação dessa cobertura foi a sistematização que, por exemplo, o *Jornal da Tarde* apresenta. Já no dia 19, o *Jornal da Tarde* usava um selo — *Nixon na China* — que identificava as páginas onde o leitor poderia encontrar as informações organizadas em um roteiro. À medida que a cobertura cresceu, essa sistematização se firmou. No dia 21 assume personalidade própria, personalidade que se mantém até o fim da viagem:

— A reportagem geral da visita;

— A recepção — a cor local;

— Interpretações do resto do mundo (blocos e países);

— Resumos dos fatos anteriores e programação dos dias posteriores;

— Artigos de comentaristas internacionais.

O *Jornal do Brasil*, no dia 22 (três dias após o *Jornal da Tarde*) também apresentou um selo, igual ao do *Jornal da Tarde* — *Nixon na China* — graficamente bem formulado, mas claramente copiado. Na estrutura interna das informações, entretanto, as matérias não foram sistematizadas como as do *JT*. Destaca-se, no dia 20, domingo, um caderno especial onde as matérias estão unitariamente estruturadas em pesquisa e comentário interpretativo.

Os outros jornais, *Estado, Folha* e *Globo*, colocaram as informações sobre a viagem de Nixon à China no esquema da rotina do jornal, sem alterar sua hierarquização normal. Apenas as manchetes são o tom comum — os cinco jornais mantiveram o assunto Nixon na China na primeira página todos os dias, exceto em São Paulo, no dia seguinte ao do incêndio do Edifício Andrauss. Só esse fato retirou Nixon das manchetes no período de 17 ao dia 29 de fevereiro.

Graficamente, a cobertura se salientava, além do valor das manchetes, pelo volume de fotos, espaço significativo (exceto *O Globo* que deu pouco espaço às informações da visita de Nixon à China) e títulos de apelo. Mas os jornais, menos o *JT*, não trabalharam, como habitualmente, numa estruturação gráfica especial.

Não apenas por quantidade de informações, a cobertura do *Jornal da Tarde* fica em primeiro plano. O volume de informações é editado numa angulação.

Sente-se um resultado global de editoria que conjuga a informação à forma gráfica de a articular. Isto, somado ao colorido de estilo lingüístico que costuma caracterizar as matérias do *Jornal da Tarde* em relação aos outros jornais, resulta em formas mais legíveis. Fica uma única ressalva, já levantada: a abundância de dados (alguns redundantes, outros inexpressivos) em oposição a um certo critério de seletividade, culminando essa seletividade com uma presença interpretativa da própria editoria (não apenas interpretações de comentaristas internacionais como ocorreu).

VISITA DE NIXON À CHINA

O objetivo da sondagem de opinião foi levantar, em uma amostra pequena e especializada, algumas posições dos leitores em relação à cobertura. As constantes dessas opiniões foram observadas em função de um *feedback* da atuação dos jornais.

Partindo da hipótese de que o espaço que a cobertura ocupou nos jornais foi muito significativo e a qualidade das informações não correspondeu à quantidade, pretendia comprovar que os leitores não se satisfazem totalmente com a cobertura.

AMOSTRA UTILIZADA

Um corte nos leitores, um corte especializado. Sabe-se, de pesquisas anteriores, que o público do *Jornal da Tarde* é predominantemente jovem. O objetivo geral da pesquisa era situar o *Jornal da Tarde* em relação aos outros jornais comparados *(O Estado de S. Paulo, Folha de S. Paulo, O Globo* e *Jornal do Brasil)*. Então foram escolhidos cem estudantes de Comunicações, do 2.º e 3.º ano da Escola de Comunicações e Artes da Universidade de São Paulo (Cursos de Jornalismo, Propaganda, Relações Públicas, Editoração, Rádio e Televisão). Esses estudantes pertencem, em princípio, ao universo geral dos leitores do *Jornal da Tarde* (pela faixa etária em que estão situados).

TÉCNICA DE QUESTIONÁRIO

Para a sondagem de opinião, foi utilizado um questionário, aplicado nas salas de aula da escola. Sua estrutura apresenta duas partes: em primeiro lugar, para situar a amostra, foram levantados hábitos de leitura de jornal e formas de informação que utilizam; em segundo lugar, as perguntas visam à cobertura especificamente. A técnica predominante foi de perguntas fechadas, por meio de alternativas de escolha e escolhas enumeradas por prioridade. Segue um modelo, em anexo.

Não houve problemas de compreensão das questões colocadas, e as respostas, de forma geral, traduzem boa apreensão e uma linha conseqüente de respostas. Apenas uma pergunta, a última, foi aberta com a finalidade de captar opiniões mais pessoais.

QUESTIONÁRIO: MODELO.

UNIVERSIDADE DE SÃO PAULO

ESCOLA DE COMUNICAÇÃO E ARTES

PESQUISA SOBRE A COBERTURA DOS JORNAIS DA VIAGEM DE NIXON À CHINA

CURSO QUE FREQÜENTA .... ANO .... PERÍODO ....

SEXO .... IDADE .... PROFISSÃO ....

I — HÁBITOS

1) Você costuma ler jornal diariamente?

( ) Sim

( ) Não — Passe para a pergunta n.º 5.

2) Que jornais você lê habitualmente? Enumere por ordem de preferência.

( ) O ESTADO DE S. PAULO
( ) JORNAL DA TARDE
( ) FOLHA DE S. PAULO
( ) FOLHA DA TARDE
( ) DIÁRIO DA NOITE
( ) DIÁRIO DE S. PAULO
( ) DIÁRIO POPULAR
( ) A GAZETA
( ) A GAZETA ESPORTIVA
( ) NOTÍCIAS POPULARES
( ) ÚLTIMA HORA

( ) SHOPPING NEWS
( ) JORNAL DO BRASIL
( ) O GLOBO
( ) CORREIO DA MANHÃ
( ) JORNAIS DE BAIRRO
( ) OUTROS

3) Por que prefere este jornal?

( ) Traz maior quantidade de informações
( ) Interpreta os fatos
( ) Apresenta uma diagramação moderna
( ) Complementa as notícias com ampla cobertura
fotográfica
( ) É imparcial
( ) Traz assuntos de meu interesse
( ) Apenas por costume
( ) Não sei explicar
( ) Outros motivos ——————————————————

4) Que assuntos procura com maior freqüência nos jornais?

( ) Política internacional
( ) Política nacional/local
( ) Economia
( ) Artes
( ) Educação
( ) Administração Pública
( ) Histórias de interesse humano
( ) Religião
( ) Noticiário policial
( ) Ciência
( ) Esportes
( ) Notícias sociais e femininas
( ) Variedades
( ) Outros ————————————————————

5) Você assiste à televisão diariamente?

( ) SIM
( ) NÃO

6) Você ouve rádio diariamente?

( ) SIM
( ) NÃO

II — VIAGEM DE NIXON

7) Você acompanhou pelos jornais a viagem de Nixon à China?

( ) SIM
( ) NÃO

8) Que tipo de informações despertaram-lhe maior interesse? Enumere por ordem de preferência.

( ) Importância da viagem
( ) Implicações de ordem política
( ) Possíveis reflexos na conjuntura econômica
( ) Estreitamento das relações Oriente-Ocidente
( ) Maior divulgação da terra e do povo chinês
( ) Piadas de Nixon
( ) Presença da Sra. Nixon
( ) Hospitalidade dos governantes chineses
( ) Repercussão da viagem no resto do mundo
( ) Comentários de articulistas nacionais
( ) Comentários de articulistas internacionais
( ) Os editoriais do jornal brasileiro que cobriu o fato

9) Você acha que as informações sobre a terra e o povo chinês veiculadas pela imprensa foram:

( ) completas
( ) insuficientes
( ) distorcidas
( ) quase inexistentes
( ) contraditórias
( ) pouco exploradas

10) Você leu os artigos de comentaristas nacionais e internacionais sobre a viagem de Nixon?

( ) SIM
( ) NÃO

11) A seu ver, esses artigos eram:

( ) parciais
( ) sem interesse
( ) confusos
( ) bastante esclarecedores
( ) pouco realistas

12) Você leu os editoriais do jornal brasileiro que cobriu a viagem?

( ) SIM
( ) NÃO

13) Os editoriais do jornal brasileiro que cobriu a viagem, a seu ver, eram:

( ) reflexos apenas de sua orientação política
( ) meras opiniões pessoais
( ) desprovidos de dados completos
( ) indispensáveis para entender o fato em sua plenitude
( ) sem nenhum interesse

14) No seu entender, os jornais exploraram com prioridade que detalhes ligados à viagem? Enumere.

( ) Vedetismo de Nixon e sua esposa
( ) As figuras dos governantes chineses
( ) Banquetes, festas e outros fatos secundários da viagem
( ) Implicações políticas da viagem
( ) Importância futura deste encontro
( ) Informações sobre a terra e o povo chinês
( ) Repercussão da viagem no resto do mundo
( ) Outros ————————————————————

15) Além dos jornais brasileiros, você se utilizou de outros meios para se manter informado sobre a viagem de Nixon?

( ) SIM
( ) NÃO

16) De quais?

( ) Rádio
( ) Televisão
( ) Revistas nacionais
( ) Revistas internacionais
( ) Jornais estrangeiros
( ) Conversas informais com amigos
( ) Debates com professores

17) De maneira geral, o que você achou da cobertura da viagem de Nixon à China pelos nossos jornais? Aponte falhas e méritos desta cobertura jornalística.

_____

_____

_____

_____

_____

TABULAÇÃO

1. QUE JORNAIS VOCÊ LÊ HABITUALMENTE (POR ORDEM DE PREFERÊNCIA)?

Pela tabulação e pelos gráficos representativos, anexos, observa-se que entre cem estudantes, 35% lêem de preferência o *Jornal da Tarde*, 33% *O Estado de S. Paulo* e 18% a *Folha de S. Paulo*. Em segunda prioridade, 21% optam novamente pelo *Jornal da Tarde*, 17% pela *Folha* e 8% pelo *Estado*. O *Jornal da Tarde* ocupa a posição de jornal mais lido nessa amostra de jovens.

2. MOTIVOS DE PREFERÊNCIA

37% dos estudantes preferem um determinado jornal, porque traz maior quantidade de informações;

32% porque traz assuntos ligados a seus interesses pessoais (especialmente sua profissão, suas motivações culturais e seus divertimentos);

27% porque o jornal que escolhem interpreta os fatos;

16% porque apresenta uma diagramação moderna;

9% porque complementa as notícias com ampla cobertura fotográfica;

6% apenas por costume;

5% porque a família assina o jornal;

1% não sabe explicar os motivos.

3. QUE ASSUNTOS BUSCAM NO JORNAL?

66% citaram a Política Internacional como principal opção de de leitura;

59% escolheram Artes;

45% Política Nacional e Local;

30% Variedades;

29% Educação e reportagens de interesse humano;

17% Assuntos ligados à Ciência;

14% Esporte;
5% Notícias sociais e femininas;
4% Noticiário policial;
3% Histórias em Quadrinhos;
1% Religião.

4. MEIOS DE INFORMAÇÃO AUDIOVISUAIS

69% dos estudantes da amostra não assistem televisão regularmente, enquanto
27% vêem programas de televisão todos os dias;
49% ouvem rádio diariamente, e
43% não ouvem.

(Na primeira pergunta, quatro não responderam e, na segunda, oito.)

5. A VIAGEM DE NIXON

A grande maioria dos estudantes (84%) afirmaram ter acompanhado a cobertura. Dos que não acompanharam, alguns alegaram estar em viagem.

As informações que mais interesse despertaram:

1.º — As implicações de ordem política (41%);
2.º — A repercusão da viagem no resto do mundo (20%);
3.º — O estreitamento das relações entre Oriente e Ocidente (17%);
4.º — Os comentários de articulistas estrangeiros (16%);
5.º — Possíveis reflexos na conjuntura econômica internacional (14%);
6.º — Maior divulgação da China (7%).

Os temas menos lidos foram as piadas da viagem (aspectos puramente pitorescos), a presença de Pat Nixon, os editoriais brasileiros sobre a viagem e as matérias sobre a hospitalidade dos chineses.

Confrontando estes resultados com as respostas da última pergunta onde foram apontadas as falhas e méritos da cobertura, vários estudantes justificam a falta de interesse por temas como a divulgação da China e seu povo. Na opinião dos leitores, esses assuntos não foram devidamente explorados pela cobertura:

"As falhas da cobertura foram devidas ao pouquíssimo conhecimento sobre o que representou (para a China) o isolacionismo a

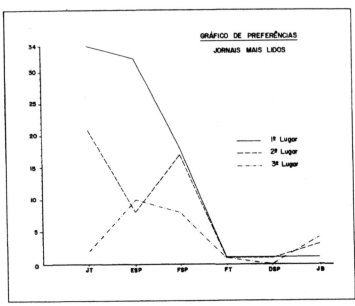

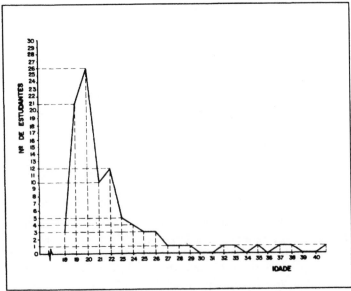

OBS.: O percentual é relativo aos questionários respondidos nessas perguntas tabuladas.

respeito do Ocidente. Não creio que esse fato seja derivado da pressão exercida pela censura, facilmente contornável, mas ao despreparo cultural de jornalistas; de maneira geral, vêem os fatos com olhos de câmara fotográfica: registram e anotam o que está na frente, e não sabem apresentar de forma corrente para o público o fundo das questões, as que realmente significam alguma coisa."

6. Quase metade dos entrevistados (49%) não leram editoriais brasileiros sobre a viagem. Dos 40% que responderam afirmativamente, a maioria acha que a posição desses editoriais nada mais era do que reflexo da orientação política do jornal, onde meras opiniões substituíam fatos concretos e análises em profundidade. Uma parte pouco significativa dos leitores disse que a leitura desses editoriais foi indispensável para sua informação.

7. Da apreensão geral do que leram nos jornais, os entrevistados caracterizaram a cobertura assim:

Os jornais apresentaram principalmente as implicações políticas da viagem. Depois preocuparam-se com o vedetismo de Nixon e esposa. A importância futura do encontro foi o terceiro aspecto muito tratado, e os banquetes, festas e turismo em geral ocuparam o quarto lugar em espaço e informações na cobertura. O tema menos tratado foi a informação sobre a terra e o povo da China.

Essa forma geral da cobertura foi criticada por um dos leitores nos seguintes termos:

"Inicialmente os jornais não puderam avaliar o que de concreto estava surgindo do encontro. Como os resultados dos entendimentos entre o governo visitante e os visitados não eram divulgados, os jornalistas nada tinham a noticiar senão banalidades, como, por exemplo, trajes da Sra. Nixon, banquetes etc. Limitavam-se a fazer previsões, principalmente de ordem política."

Outras opiniões colhidas da última pergunta:

"A matéria colhida nas comissões de relações públicas do governo dos EUA constitui o grosso das informações publicadas. A falta de jornalistas especializados fez com que as informações vitais sobre o povo da China fossem esquecidas ou filtradas pelas agências informativas.

Mais importante do que o encontro dos líderes políticos são as futuras interações entre dois tipos de civilização bastante opostos, o que pode acontecer daqui para o futuro. Esse ponto receberia maior cuidado e não foi explorado suficientemente. O vedetismo foi uma constante."

8. Para complementar as informações procuradas especialmente em jornal, os estudantes da amostra se valeram de outros meios:

71% dos entrevistados complementaram com outros meios sua informação, assim distribuídos:
54% se utilizou da televisão;
43% de revistas nacionais;
29% complementam sua informação com conversas informais com amigos;
26% enfatizam rádio;
2% debatem com os professores as informações.

Das revistas utilizadas, vários alunos salientaram a cobertura de *Veja* (sobretudo o primeiro número da cobertura), que deu uma visão interpretativa do fato.

9. A pergunta aberta sobre os méritos e falhas da cobertura não foi respondida por todos. 52% responderam e dessas respostas deu para reunir as opiniões mais constantes:

— Os jornais brasileiros só reproduziram as idéias e pontos de vista dos Estados Unidos, limitando-se a publicar informações semifabricadas. 16% dos que responderam à última pergunta salientaram este dado. Uma das respostas, na íntegra:

"A maior falha: não ter dado uma visão brasileira do acontecimento. Todos os jornais brasileiros limitaram-se a dar a cobertura do ponto de vista das agências internacionais. Além disso, a maioria dos jornais confundem grande cobertura com cobertura grande, dando uma grande quantidade de matérias, sem nenhuma preocupação de ordená-las (com raras exceções: *Jornal da Tarde* e *Jornal do Brasil*)."

— 15% das respostas apontaram a falha de ter sido dispensado muito espaço a informações inexpressivas, mais impressões de turismo do que outra coisa. Dizem ainda que a cobertura se perdeu em divagações e não apresentou fatos concretos e análises políticas e econômicas. A maior ausência: informações sobre a realidade sócio-econômica da China.

— Algumas respostas novamente reforçaram a presença do vedetismo de Nixon. "O espetacular da cobertura se assemelha à chegada à Lua."

— A cobertura apresentou mais um tom de relatório oficial de viagem do que outra coisa. O que se salvou, opinam alguns, foram os artigos. Sem estes, não teria passado de comunicados oficiais.

— Falha bastante apontada: a cobertura denota o subdesenvolvimento da imprensa brasileira. "Dependendo quase exclusivamente de comentaristas estrangeiros, para não falar da reportagem geral das agências americanas, foi uma cobertura, no Brasil, onde o Sr. James Reston reinou."

— Ao estabelecerem comparações, os estudantes da amostra salientaram *Veja* como uma das coberturas mais interpretativas em relação aos jornais. *Visão* também foi apontada. O *Jornal da Tarde* é citado como o que deu informações mais detalhadas e procurou complementar os dados de agência com outros aspectos (foi lembrada a receita do banquete, como exemplo), como retrospectivas históricas, pontos de vista de diversos jornais do mundo.

Um leitor da *Folha* fez uma crítica específica:

"Através da *Folha*, que é um jornal meramente 'descritivo', tive dificuldade em encontrar algo importante sobre a visita. Ao invés de conhecimento das reações ou de algum resultado efetivo desta aproximação, soube que Mao usa escarradeiras e panos sobre os sofás para mantê-los limpos, tem uma imensidade de livros em sua sala, e alguma coisa sobre a cozinha chinesa e Pat Nixon. Ótimo para coluna social, deviam ter mandado o Tavares, agora saberia muito mais."

— E como resultado mais negativo, apenas cinco em cem estudantes da amostra consideraram a cobertura completa, na medida do possível. . .

NIXON EM MOSCOU

O estudo comparativo desta cobertura utilizou seis jornais: *Jornal da Tarde, O Estado de S. Paulo, Folha de S. Paulo, Jornal do Brasil, O Globo* e *Correio da Manhã*.

O período da cobertura foi de 21 a 30 de maio de 1972. As proposições da pesquisa seguiam de perto as da outra cobertura da China. O ciclo da primeira se estabeleceu claramente como informação/produto de consumo e na segunda etapa era de se prever um certo desgaste do esforço "industrial" da primeira cobertura.

"Tudo podia ser feito pelo correio"

Esta frase, de um diplomata ocidental, publicada em *O Estado de S. Paulo*, de 27 de maio, dá a medida da cobertura da visita de Nixon a Moscou. Da ida a Pequim para cá, parece que passou de moda essa estratégia de Nixon. Pelo menos o espaço dedicado ao assunto, nos jornais, não abre a mesma importância.

O primeiro dado: foi uma cobertura menos sensacionalista, mais fria, premeditadamente contida. O culto dos heróis (Nixon e Pat) não foi dos mais intensos, especialmente o da Sra. Pat Nixon. O entusiasmo pelas opiniões, seja de articulistas estrangeiros, seja das posições da imprensa mundial, não ocupou tantas colunas. O dia-a-dia dos acordos e tratativas (sobretudo expectativas) resultou em reportagens de síntese, abandonando as inúmeras linhas de suposições que, no caso da China, gastaram tanto papel.

Mas assim mesmo a cobertura existiu. Prova disso é que ocupou as primeiras páginas dos seis jornais nos dias da cobertura (de 21 a 30 de maio). Só o *Jornal da Tarde* não valorizou graficamente num primeiro plano de primeira página — com as matérias sobre Alltmann, Nixon foi para os cantos ou para o pé da página. A dimensão do fato não foi a tal ponto diminuída que passasse despercebida, foi apenas uma cobertura mais realista sem os foguetes e as pompas da visita a Pequim. Houve dias, como 28 e 29, em que faltou assunto, e os jornais não davam informações frias, se restringiam às poucas notas do que estava ocorrendo.

Na cobertura da China havia um traço geral que sustentava a unidade — um certo sensacionalismo. Nesta cobertura, sem emotividade, as edições variaram em função de fatos concretos. Jornais que apresentaram unidades de editoria, um traço firme e continuado que se refletiu na sistematização dos dados, noticiaram com altos e baixos como matérias vindas de agências no quadro geral da Internacional. Foi o caso do *Jornal da Tarde*. Manteve um espaço para a cobertura, de uma a duas páginas, mas, apesar disso, não deu às matérias uma força global de edição. Por exemplo, na visita de Nixon à China, a cobertura se sistematizou a tal ponto que a partir do terceiro dia o leitor encontrava informações sobre os fatos do dia anterior, repercussão desses fatos na imprensa mundial, opiniões de articulistas estrangeiros, matérias de pesquisa e a programação dos encontros. Além disso, matérias de ambiente local e Pat Nixon em ação. Já na cobertura de Moscou, não houve uma linha de editoria definida. Neste sentido, a angulação do *Jornal do Brasil* foi bem mais marcante: dava sempre uma matéria interpretativa, reunindo os fatos do dia numa visão geral em blocos curtos, bem informativos, que no conjunto formavam a grande reportagem. O *Jornal da Tarde* algumas vezes apresentou esse tipo de reportagem (embora em outro estilo, mais narrativo) como, por exemplo, a matéria "Por Que Faltaram os Beijos de Brejnev?" Mas na soma final, essa angulação interpretativa não se manteve unitariamente. No último dia, 30 de maio, isso ficou bem claro: nenhum jornal editou com tanta unidade as informações sobre comunicado conjunto como o *Jornal do Brasil*.

170

Quanto à definição de angulações de editoria, o *Jornal do Brasil* permaneceu conseqüente durante a cobertura — se preocupou em oferecer ao leitor uma reportagem interpretativa dos fatos do dia anterior, bastante didática (linguagem concisa, blocos de texto com entretítulos, globalização dos dados). A angulação esquemático-informativa de *O Globo*, na sua desorganização interna (apenas justapondo informações) também se manteve na base de quantidade acima de tudo. *O Estado de S. Paulo* esteve voltado também para a quantidade de notícias e foi o único dos seis jornais que continuou a valorizar os artigos de comentaristas estrangeiros. Publicou 22 artigos que, se examinados pelo ângulo de informações novas, pouco ou nada acrescentam aos telegramas. Os outros jornais abandonaram essa fonte, pelo menos não a usaram com a mesma intensidade como na cobertura da China. As angulações da *Folha de S. Paulo* e do *Correio da Manhã* foram as mais indefinidas e esses dois jornais não estão em nível de comparação com *O Estado*, *JT*, *JB* e *O Globo*.

O volume de informações (quantidade/variedade), isolado da qualidade, está na seguinte ordem: *Jornal da Tarde*, *O Estado de S. Paulo*, *O Globo* e *Jornal do Brasil*. Isto fazendo a média dos dez dias, no que se refere à cobertura diária dos fatos. No plano da pesquisa, o *Jornal do Brasil* apresentou seis matérias onde se destacam duas — "Os Cartões de Visita", relação dos problemas gerais de agenda, e uma matéria sobre a corrida armamentista do dia 26 de maio. O *Jornal da Tarde* está em primeiro plano na elaboração de matérias de pesquisa que recompõem históricos à agenda do encontro: a matéria de Reinaldo Lobo sobre "quem recebe Nixon", a de L. C. Lisboa dando o retrospecto das relações entre EUA e China, a de Roberto Pereira com o balanço de forças das duas potências e a matéria que dá o quadro da economia russa, sua evolução, no dia 25 — são matérias que levantam a cobertura do *Jornal da Tarde*. A não ser as referidas no *JB*, nenhuma outra matéria de pesquisa supera ou chega perto das do *JT*. O próprio *Estado* publicou algumas que, além de superficiais, em alguns casos, repetiam dados já publicados no *Jornal da Tarde* Caso típico: "Balanço de Duas Potências", matéria do *Estado* do dia 27).

No plano de repercussão do fato na imprensa mundial, *O Globo* e *O Estado* continuaram com esse tema tão explorado pelo *Jornal da Tarde* na visita a Pequim. O *Jornal do Brasil* praticamente ignorou o assunto, e a *Folha* e o *Jornal da Tarde* deram algumas matérias, em geral posições do *Pravda*. As matérias não estritamente relacionadas com a visita, de caráter local (Moscou, problemas russos), apareceram com maior incidência em *O Globo*, depois no *Estado*, *Jornal do Brasil*, *Jornal da Tarde* e *Folha* por último. Shelest foi o caso mais tratado; nível de vida russo, produção, problemas dos judeus na

União Soviética ocuparam algum espaço, não muito. Como na visita a Pequim, não foi amplamente divulgado o ambiente da cobertura — ambiente geográfico, humano e social. O *Jornal do Brasil* aproveitava as matérias de Pat Nixon para dar um pouco desse ambiente em que circulava a primeira dama, já o *Jornal da Tarde* angulava Pat Nixon em primeiro plano, vivendo seu papel de "mulher do presidente".

Os artigos estrangeiros, que o *Estado* insistiu em publicar em massa, continuaram aquele palavreado: "... a grande incógnita é a seguinte: tudo isto poderá chegar a alguma coisa?" O histórico da aproximação EUA/Rússia, as possibilidades de coexistência pacífica e intercâmbio comercial, a necessidade da Rússia importar a tecnologia ocidental, "a faca de dois gumes" representada pelo encontro etc. — um repertório de análises óbvias que cansam o leitor pela redundância. Saíram disso, ainda que superficialmente — George Weller (*JB*, 26 de maio) com o perfil político de Shelest, James Reston com um artigo sobre Issatchenko (*JT* e *O Estado*, 23 de maio) e Charlotte Saikowski (*JB* de 26 de maio) com um estudo rápido sobre a sociedade russa — trabalho, produção, família, posição da mulher e o lazer.

Na opinião nacional, o trabalho continuado de "Notas e Informações" de *O Estado de S. Paulo* ganhou em persistência, mesmo que nem sempre tenha apresentado informações ou enfoque de análise novos. Procurava analisar as posições do *Pravda* durante a cobertura e entrava no domínio das "perspectivas gerais" de todos os outros articulistas. Em princípio se sustentou dos fatos, o que diminuiu o nível de redundância das posições. Apesar de ter insistido muito no caso dos judeus na URSS, Newton Carlos sustentou uma coluna da *Folha de S. Paulo* e no *Correio da Manhã* (artigos iguais) que não atingiu o mesmo nível informativo de "Notas e Informações". Os editoriais foram assíduos, mas a linha de argumentação não apresentou posições criativas — as opiniões se ligam à posição característica do jornal e não a análises profundas dos fatos, ou pelo menos imprevisíveis.

A criação nesta cobertura esteve praticamente ausente. O interesse pelo assunto não foi dos mais vivos. O *Jornal da Tarde*, que sempre se manifesta em iniciativas criativas, não se motivou, não editou com vibração (como aliás aconteceu, na mesma fase, com a cobertura de Alltmann). Para não deixar de citar algumas matérias, o *Jornal da Tarde* publicou no dia 23 de maio "Por que Faltaram os Beijos de Brejnev?" — um título muito criativo e uma angulação também diferente das demais na recepção de Nixon. No dia 27, o *Jornal do Brasil* lança a matéria sobre o acordo de limitação de armas com o título — "Laird Pede mais Armas Defensivas" — e nesse contraste angula de forma original (bem interpretativa) as contradições do acordo. O *Jornal da Tarde*, no mesmo dia, publica depoimentos de oito senadores americanos, dando uma repercussão mais quente da visita de Nixon "Kissinger, o Superastro" (*JB*, dia 24) foi a matéria de individualização do personagem político que mais colorido apresentou — informa do outro lado da visita de Kissinger o lado emotivo.

Na cobertura de Pequim, o comunicado oficial foi a fonte de informações dos jornalistas, mas os jornais tentaram festivamente encobrir a pobreza de participação (especialmente da imprensa brasileira) e as editorias fizeram ginásticas locais. Nesta cobertura, exceto um ou outro esforço (do tipo dos trabalhos já citados) ficou uma imagem negativa da cobertura:

"Tudo podia ter sido feito pelo correio".

ANEXO II

A Frase Jornalística: Aspectos de Fluência

Os aspectos estilísticos da frase não podem ser delimitados com facilidade. Sua estruturação dá margem a inúmeros enfoques. Mas, ao observar uma amostra de sete dias, foi possível reunir uma coletânea de frases que propiciou a classificação de 14 problemas típicos de fluência. O *Jornal da Tarde*, por sua aparente liberdade estilística, presta-se a essa análise por oferecer uma variação mais incoerente, colorida e, ao mesmo tempo, cuidada e descuidada.

Naturalmente, a maior parte dos exemplos coletados são os que mais chamam a atenção. Aqueles que, apesar do ritmo acelerado da imprensa diária, poderiam passar por uma reestruturação. Sem pretender perfeições formais, é possível eliminar certas arestas mais agressivas. Há mesmo certos casos que são decorrentes de uma espécie de moda: enquadram-se aí os usos constantes de travessão, parênteses e demais intercalações.

O ideal seria repensar todo o material reunido neste levantamento, debater em grupo os problemas apontados e assumir posições em termos de sua reformulação. Embora o *Jornal da Tarde* não apresente unidade redacional e os valores individuais sejam salientados, os aspectos problemáticos (na estrutura da frase) são, de certa forma, comuns, gerais. Neste sentido, o posicionamento de equipe é conveniente.

Se, por um lado, é difícil elaborar coordenadas de expressividade em grupo, por outro lado, a reformulação de alguns problemas mais ou menos constantes nas frases do *JT* sintoniza perfeitamente com o esforço grupal.

Assim, este levantamento teria organicidade se fosse reestudado com a equipe de responsabilidade redacional.

175

RELAÇÃO DE PROBLEMAS OBSERVADOS NA ESTRUTURA DA FRASE

1. Frase muito extensa, de difícil leitura.
2. Problemas de estruturação geral da frase.
3. A intercalação excessiva.
4. O uso de parênteses.
5. Problemas de fluência por inadequação vocabular ou inadequação sintática.
6. Acréscimos à frase (apêndices) que não encadeiem com as idéias principais.
7. Desconexão de tempos verbais.
8. Soma de elementos não coordenativos.
9. Passagem de matéria (frase-ponte) pouco habilidosa.
10. Acúmulo de verbos em locuções.
11. Estrutura verbal passiva (analítica pouco fluente).
12. Ordem indireta sem fluência.
13. Casos de dubiedade ou total ausência de clareza.
14. Falta de eufonia.

A amostra observada foi composta das seguintes edições:

Jornal da Tarde — 16 de julho de 1971
19 de julho de 1971
20 de julho de 1971
21 de julho de 1971
22 de julho de 1971
26 de julho de 1971
27 de julho de 1971

FRASE EXTENSA DE DIFÍCIL LEITURA

Em contraste com a frase clássica, a frase contemporânea se caracteriza pelo ritmo de fácil assimilação como conseqüência imediata da frase curta. Sua elaboração fluente procura evitar um pesado encadeamento de orações subordinadas, desdobrando, sempre que possível, as idéias em frases sucessivas. Especialmente os jornais devem ter esse tipo de preocupação em função de uma legibilidade sintática. No *Jornal da Tarde*, apesar de não ter sido realizada uma pesquisa quantitativa específica, a frase longa não é predominante, exceto nos editoriais. Ocorrem alguns casos nos demais setores e, freqüentemente, essas frases muito longas não apresentam fluência ou domínio do processo sintático (encadeamento das orações, pontuação etc.). Seguem-se frases coletadas na amostra:

"A grande inovação apresentada pelo substitutivo-Hoffmann está na obrigatoriedade da adoção da forma nominativa das ações das sociedades anônimas que se dediquem ao loteamento rural, que

176

explorem diretamente áreas rurais e que sejam proprietárias de imóveis rurais não veiculadas e suas atividades estatutárias" (p. 2, dia 16/7).

A frase já "prende" a partir de *está na*, que é pouco fluente para ligar as idéias, depois sucedem-se vários elementos que exigem um acompanhamento atento para uma dinâmica interação texto & leitor.

"Será de surpreender se Mao e seus auxiliares imediatos não estiverem pensando seriamente na possibilidade de estabelecendo melhores relações com os Estados Unidos, trazer importante ajuda técnica e econômica *aos* seus país."

Na frase anterior, apesar de longa, havia uma estruturação bem mais fluente do que nesta última. Há falhas de pontuação e acúmulo de idéias mal formuladas.

"Apesar de ser difícil de se perceber *a* margem desta estrada perdida no sertão estão se *desenvolvendo* dezenas e dezenas de fazendas imensas, projetos agropecuários *desenvolvidos* com incentivos fiscais."

Uma frase que, além da estruturação embaralhada, há um problema de crase, falhas de pontuação e repetição de palavras antiestilística.

"Em panfleto enviado ontem à sucursal da agência 'Latin' em Lima, o MIR dirige-se aos trabalhadores do campo, mineiros, profissionais liberais e estudantes a se unirem na luta revolucionária, e comunicando que iniciará brevemente um grande trabalho de doutrinação esquerdista por todo o país, denunciando e combatendo ideológica e politicamente a mentira do reformismo burguês e desmascarando em todos os terrenos sua conciliação com a burguesia industrial e o imperialismo ianque" (p. 5, dia 22/7).

Se forem decompostas as unidades de informação desta frase, daria um número demasiado grande para um simples período.

"Em seguida, veio a onda de terrorismo urbano provocada pela ação dos tupamaros que realizaram uma série de seqüestros espetaculares que abalaram as instituições democráticas do Uruguai e que contribuíram para denegrir a imagem do país junto aos investidores estrangeiros" (p. 9, dia 22/7).

Em uma frase de seis orações, não aparece uma única vírgula que estabeleça uma pausa entre elas.

"Outra declaração: 'Outros meios de financiamento hão de persitir Empresas estrangeiras continuarão vinculadas à matriz e empresas nacionais continuarão a contar apenas com o capital ou com os empréstimos no Exterior'" (p. 11, dia 22/7).

A constante problemática da frase um pouco mais complexa: a pontuação. Na frase anterior, a falta de pontuação prejudica a clareza.

"O único jogador que mostrava um jeito diferente, procurando a área com insistência, era o médio volante Telch — o mesmo que fez dois gols no Brasil em 1964, na Taça das Nações, quando perdemos por 3 a 0 no Pacaembu — dono de um futebol que chega a lembrar o de Zito" (p. 21, dia 26/7).

O maior inconveniente da frase longa não diz respeito aos problemas estilísticos, mas ao ritmo de leitura. O leitor faz um esforço especial para acompanhar os labirintos da informação.

"Em Nova York, na visita que fez ao Museu Americano de História Natural, com a preocupação de recolher elementos sobre museus americanos, para iniciar no Brasil sua campanha que vai modificar hábitos que dão pouca importância aos museus, Faria Lima ficou impressionado com filmes sobre o tema: "Pode o Homem Sobreviver?" (p. 18, dia 27/7).

Para se chegar aos elementos principais da oração, é preciso percorrer um desses labirintos, nesta frase.

PROBLEMAS DE ESTRUTURAÇÃO GERAL DA FRASE

Em muitos casos, não é o tamanho da frase que determina sua fluência: uma frase curta pode ser tão presa como uma mais extensa, por deficiência de estruturação.

"O Kennedy com o qual Sorensen sempre concorda podem ser três pessoal: ..." (p. 14, dia 19/7).

Muitas vezes se deixa de dizer com simplicidade e num estilo direto, para enveredar por um caminho cheio de "curvas" como o da frase acima.

"Os problemas da Barão de Campinas poderão ser muito pequenos em agosto, em comparação com os da São João" (p. 20, dia 22/7).

Esta comparação não se equivale, ou melhor, não equilibra quanto aos elementos propostos na primeira parte e os da segunda parte.

"Tem 21 anos, e parecia muito à vontade de estar treinando no Santos" (p. 28, dia 22/7).

Não há harmonia no conjunto de traços aplicados nesta frase. As duas etapas de idéias não somam perfeitamente.

"Bloqueada na altura de Santa Catarina a frente fria manterá instável toda a região Sul, com pancadas de chuvas e trovoadas e declinando depois" (p. 2, dia 26/7).

Especialmente a última parte, *e declinando depois*, está desarticulada do resto da frase.

"As ordens que eu tenho são de interrompê-la (uma estrada) a partir do dia 1.º, todos os dias liberando-a somente das 4 às 6,30 horas" (p. 6, dia 26/7).

Toda a estrutura da frase está embaralhada pela colocação de *todos os dias* e pelo acréscimo mal articulado, *liberando-a somente...*

"...ele nunca chegou a ser aceito, na cidade natal, nem suas pesquisas, lá foram levadas a sério" (p. 2, dia 26/7).

A ordem e estruturação dos elementos ficaria mais fluente se fosse assim: "...na cidade natal, ele nunca chegou a ser aceito nem suas pesquisas foram levadas a sério."

"Nunca houve na família Scott, nenhuma dúvida de que David seria como seu pai, aviador" (p. 15, dia 26/7).

A estrutura está artificial. "Nunca se duvidou, na família Scott, que David seria como seu pai, aviador." — Talvez essa reestruturação desse maior fluência.

"Mas os *Ranger* esgotaram as possibilidades de medições científicas que podiam ser feitas com veículos que caíam violentamente na rua e se destruíam na pancada final" (p. 14, dia 26/7).

O encadeamento de orações introduzidas por *que* torna pesada a estrutura desta frase. *Que podiam ser* poderia ser suprimido sem alterar o sentido.

"A porcentagem de elementos com mandado de prisão presos ou encontro de ladrões ou marginais perigosos, durante as batidas, é pequena" (p. 31, dia 26/7).

Há a repetição *prisão presos* antiestilística e a desarticulação dos principais elementos de informação — *porcentagem ... pequena.*

179

"O *que* impede *que* os meninos *que* vivem nas favelas, *que* vivem no lixo, *que* estão em toda a cidade, sujos e rasgados, transformem-se em marginais?" (legenda da p. 28, dia 26/7).

Uma interrogação sem ritmo, sem boa estruturação e sem eufonia (cinco conetivos *que*).

"Os ladrões, achando que ela estava se negando a indicar onde ficava guardada a chave do cofre, ainda puseram fogo na sua camisola, causando-lhe algumas queimaduras" (p. 2, dia 27/7).

Formulação pouco fluente — *achando que ela estava se negando a indicar* — e estrutura geral pesada de elementos (sobretudo expressões verbais).

"Será apenas o Sr. Vittorio Truffi, diretor-presidente de uma grande indústria, que aos 58 anos de idade às vezes sai para dar um volta com o seu balão" (p. 16, dia 27/7).

O tom coloquial, ou melhor, narrativo, desta frase não chega a se realizar pela estruturação pesada da última parte — *que aos 58 anos de idade às vezes sai para dar uma volta com seu balão.* Há um acúmulo de unidades de informação que, na soma geral, fica carregado.

Intercalação Excessiva

Pode-se observar facilmente, no *Jornal da Tarde*, um certo modismo: o constante uso de intercalações nas frases. Essas intercalações, marcadas ou não por travessão, tornam o ritmo de leitura sincopado demais. O leitor faz um exercício mental ao pular, seguidamente das idéias principais para as idéias paralelas. Em muitos dos casos, bastaria desdobrar as afirmações em frases distintas; outras vezes, a simples colocação de vírgulas eliminaria os travessões, como no caso extremado:

"De acordo com o Código de Obras, de 1934, a Paulista — por exemplo — seria apenas 'residencial'" (p. 20, dia 21/7).

Um outro problema referente à intercalação se relaciona com a separação de dois elementos principais (sujeito-verbo, verbo-objeto direto). Esta separação, bastante distanciada por intercalações longas, prejudica o rumo de apreensão das informações transmitidas.

"Em nada diminui o nosso otimismo quanto ao futuro nordestino, em face da extensão, a outras áreas e outros setores, dos incentivos fiscais" (p. 10, dia 16/7).

"A barragem Edgard de Souza, além disso, com a bomba instalada para recalcar na estiagem, o volume acumulado no reservatório
de Pirapora durante as chuvas traz para São Paulo uma grande
quantidade de água limpa. E a opinião de Azeredo Santos; ele acha
que, se o governo do Estado, através do Departamento de Águas e
Energia Elétrica, continuar com as obras de retificação e canalização
do Tietê no trecho entre Osasco e Barueri, o problema das enchentes
estará resolvido" (p. 35, dia 26/7).

Só este parágrafo oferece uma série de exemplos da estrutura
de frases sobrecarregada de intercalações que separam os elementos
principais.

USO DE PARÊNTESES

Na mesma linha de sintomas do problema anterior, os parênteses
são uma moda. Como as intercalações, justapõem observações, pare-
ceres, informações à frase básica. Jogam, assim, com o rumo de
leitura num pingue-pongue nem sempre cômodo.

PROBLEMAS DE FLUÊNCIA POR INADEQUAÇÃO VOCABULAR

Uma simples palavra pode cortar a fluência e prejudicar a
clareza. Um caso que ilustra este problema:

"Mas não sabia que o pedágio na Anchieta ia custar 10 cruzeiros. Agora quem acha barato esse preço?" (p. 17, dia 29/7).

ACRÉSCIMO À FRASE

Ainda dentro daquele espírito de cercar a informação em todos
os ângulos, ocorre que certas frases se apresentam como apêndices
desarticulados do ritmo geral. São encadeados ao corpo da frase
geralmente através de um gerúndio ou de uma oração reduzida de
infinito.

"As ordens que tenho são de interrompê-la a partir do dia 1.º
todos os dias liberando-a somente das 4 às 6,30 horas" (p. 6,
dia 26/7).

DESCONEXÃO DE TEMPOS VERBAIS

É bem freqüente, no processo narrativo de um acontecimento,
encontrarmos uma descontinuidade de tratamento quanto aos tempos

verbais. O texto se propõe um presente histórico, mas no seu desenvolvimento passa ao uso normal do pretérito passado. Acontece um outro tipo de desconexão verbal, quando a transposição do plano real para o plano da suposição, ou de projeção subjetiva, não é assinalada pelos tempos do subjuntivo.

SOMA DE ELEMENTOS SEM COORDENAÇÃO

A coordenação de partes estruturais da frase exige harmonia. Mas em muitos casos se fazem somas descoordenadas.

"...quinta-feira, visita (e fala aos empresários) à Associação Comercial do Rio de Janeiro" (p. 5, dia 20/7).

FRASE-PONTE POUCO HABILIDOSA

Há um tipo de desarticulação de um parágrafo para outro em que se verifica a inabilidade de construir uma frase-ponte da informação A para a informação B. Isto reflete uma deficiência de montagem das informações, por serem justapostas sem ritmo narrativo.

ACÚMULO DE VERBOS

Há bastante incidência de casos em que o excesso de verbos provoca uma quebra de ritmo na frase:

"O presidente pretende continuar mantendo-se voltado para os problemas administrativos" (p. 11, dia 22/7).

ESTRUTURA VERBAL PASSIVA

Em língua portuguesa, a voz passiva é, na maioria das vezes, equacionada na forma sintética. A forma analítica sempre pesa na frase e a torna mais passiva ainda. O excesso de verbo *ser*, aplicado para a passiva analítica, enfraquece a ação jornalística.

ORDEM INDIRETA

A ordem direta, simples e lógica ordenação dos termos da oração, não causa maiores problemas. Já a ordem indireta, para que seja expressiva, necessita de precisão, fluência e pontuação adequada. É na página editorial que encontramos frases de complexa ordem indireta, típica de um estilo de argumentação. Na notícia, a manipulação desta estrutura fraseológica geralmente é desastrosa.

EUFONIA

É claro que no ritmo de imprensa diária não se pode aspirar à perfeição em matéria de eufonia. Mas são muito acintosos certos casos:

"...cinco dos oito colares flutuadores do módulo de comando foram encontrados cortados, num depósito de base" (p. 1, dia 26/7).

BIBLIOGRAFIA

AMARAL, Luís. *Técnica de Jornal e Periódico*. Rio de Janeiro, Tempo Brasileiro, 1969.

BAHIA, Juarez. *Jornal, História e Técnica*. São Paulo, Ibrasa, 1972.

BARRETO, Paulo. *O Cinematógrapho*. Porto, Chardron, 1909. *Momento Literário*. Rio de Janeiro, Garnier, s/d. *A Alma Encantadora das Ruas*. Rio de Janeiro, Organização Simões, 1931.

BARTHES, Roland. *Mitologias*. São Paulo, Difel, 1972.

BARTHES, Roland e outros. *Análise Estrutural da Narrativa*. Petrópolis, Vozes, 1971.

BARTHES, Roland e outros. *Literatura e Semiologia*. Petrópolis, Vozes, 1972.

BELAU, Angel Faus. *La Ciencia Periodistica de Otto Groth*. Pamplona, Universidad de Navarra, 1936.

BELTRÃO, Luís, *A Imprensa Informativa*. São Paulo, Folco Masucci, 1966.

BOND, Fraser. *Introdução ao Jornalismo*. Rio de Janeiro, Agir, 1962.

BOSI, Ecléa, *Cultura de Massa e Cultura Popular — Leituras Operárias*. Petrópolis, Vozes, 1972.

BRAJNOVIC, Luka. *Tecnologia de la Infomación*. Pamplona, Universidad de Navarra, 1967.

BROCA, Brito. *A Vida Literária no Brasil — 1900*. Rio de Janeiro, Ministério da Educação, Serviço de Documentação, 1956.

BUYSSENS, Eric. *Semiologia & Comunicação*. São Paulo, Cultrix, 1972.

CIESPAL. *Dos Semanas de la Prensa en América Latina*. Quito, 1967.

CÓRDOBA, Gonzalo e outros. *Problemas Estructurales de la Comunicación Colectiva*. San José, CEDAL, 1972.

COHN, Gabriel. *Sociologia da Comunicação, Teoria e Ideologia*. São Paulo, Pioneira, 1973.

COSTALLES, José Ortega. *Noticia, Actualidad, Información*. Pamplona, Universidad de Navarra, 1966.

DANCE, Frank E. X. (org.). *Teoria da Comunicação Humana*. São Paulo, Cultrix, 1973.

DORFLES, Gillo. *Simbolo, Comunicación y Consumo*. Barcelona, Lumen, 1968.

DUFRENNE, Mikel. *O Poético*. Porto Alegre, Globo, 1969.

EDMUNDO, Luís. *Rio de Janeiro do Meu Tempo*. Rio de Janeiro, Imprensa Nacional, 1938.

EIKHENBAUM e outros. *Teoria da Literatura — Formalistas Russos*. Porto Alegre, Globo, 1971.

ENZENSBERGER, Hans Magnus. *Detalles*. Barcelona, Anagrama, 1969. *Elementos para una Teoria de los Medios de Comunicación*. Barcelona, Anagrama, 1972.

FAYT, Carlos. *Ciencia Politica y Ciencias de la Información*. Buenos Aires, Biblioteca OMEBA, 1965.

FRANÇOIS, Frédéric e outros. *El Lenguage. La Communicación*. Buenos Aires, Nueva Visión, 1973.

GARCIA, Othon. *Comunicação em Prosa Moderna*. São Paulo, Fundação Getúlio Vargas, 1971.

JAKOBSON, Roman. *Lingüística e Comunicação*. São Paulo, Cultrix, 1970.

JOBIM, Danton. *O Espírito do Jornalismo*. São Paulo, Liv. São José, s/d.

JOBIM, Danton. *Introduction au Journalisme Contemporain*. Paris, Nizet, 1957.

KAYSER, Jacques. *El Periodo — Estudios de Morfologia y Prensa Comparada*. Quito, CIESPAL, 1966.

LANGER, Suzanne. *Filosofia em Nova Chave*. São Paulo, Perspectiva, 1971.

LEANDRO, Paulo Roberto e MEDINA, Cremilda de A. *A Arte de Tecer o Presente (Jornalismo Interpretativo)*. São Paulo, Media, 1973.

LÉAUTÉ, Jacques. *Concepciones Políticas y Jurídicas de la Información*. Quito, CIESPAL, 1969.

LERNER, Daniel e SCHRAMM, Wilbur. *Comunicação e Mudança nos Países em Desenvolvimento*. São Paulo, Melhoramentos, 1973.

LIMA, Alceu Amoroso. *O Jornalismo como Gênero Literário*. Rio de Janeiro, 1960.

LIMA, Luís Costa (cood.). *Teoria da Cultura de Massa*. Rio de Janeiro, Saga, 1969.

LOHISSE, Jean. *Communication Anonyme*. Paris, Éditions Universitaires, 1969.

MACDONALD, Dwight e outros. *A Indústria da Cultura*. Lisboa, Meridiano, 1971.

MACLUHAN, Narshall. *The Medium is the Massage*. Nova York, Bantam Books, 1966.

McQUAIL, Denis. *Sociologia da Comunicação, Teoria e Ideologia*. Buenos Aires, Paidós, 1972.

MELO, José Marques de. *Estudos de Jornalismo Comparado*. São Paulo, Pioneira, 1972.
Comunicação Social: Teoria e Pesquisa. 2.ª ed., Petrópolis, Vozes, 1971.

MEDINA, Cremilda e LEANDRO, Paulo Roberto. *A Arte de Tecer o Presente*, ed. do autor, esgotada, São Paulo, 1972.

MICELLI, Sérgio. *A Noite da Madrinha*. São Paulo, Perspectiva, 1972.

MITCHELL, Charnley. *Reporting*. Nova York, Holt, Rinehart and Winston, 1968.

MOLES, Abraham e outros. *Civilização Industrial e Cultura de Massas.* Petrópolis, Vozes, 1973.

MOLES, Abraham. *Teoria da Informação e Percepção Estética.* Rio de Janeiro, Tempo Brasileiro, 1969.

MONTALBÁN, M. Vázquez. *Inquérito à Informação.* Lisboa, Iniciativas Editoriais, 1972.

MORIN, Edgar e outros. *Cultura e Comunicação de Massa.* São Paulo, Fundação Getúlio Vargas, 1972.

MUIR, Edwin. *A Estrutura do Romance.* Porto Alegre, Globo, 1971.

NIXON, Raymond. *Opinión Publica y Periodismo.* Quito, CIESPAL, 1967.

OLINTO, Antônio. *Jornalismo e Literatura.* Rio de Janeiro, Edições de Ouro, 1968.

PASQUALI, Antonio. *Sociologia e Comunicação.* Petrópolis, Vozes, 1973.

QUIROS, Felipe Tarroba Bernaldo. *La Información y el Periodismo.* Buenos Aires, EUDEBA, 1968.

RIESMAN, David. *A Multidão Solitária:* Um Estudo da Mudança do Caráter Norte-Americano. São Paulo, Perspectiva, 1971.

RIZZINI, Carlos. *O Jornalismo Antes da Tipografia.* São Paulo, Nacional, 1968.

RODRIGUES, Nélson. *Teatro Quase Completo.* Rio de Janeiro, Tempo Brasileiro, 1965.

ROGERS, Everett. *Modernization Among Peasants — The Impact of Communication.* Nova York, Holt, Rinehart and Winston, 1969.

SCHRAMM, Wilbur. *El Papel de la Información en el Desarrollo Nacional.* Quito, CIESPAL, 1967.

SIEBERT, Fred S. e PETERSON, Theodore. *Três Teorias Sobre la Prensa.* Buenos Aires, Ediciones de la Flor, 1967.

SMITH, Alfred (comp.). *Comunicación y Cultura.* Buenos Aires, Nueva Visión, 1972.

SODRÉ, Nélson Werneck. *História da Imprensa no Brasil.* Rio de Janeiro, Civilização Brasileira, s/d.

SPENCER, John e MICHAEL y GREGORY. *Lingüística e Estilo.* São Paulo, Cultrix, 1970.

VERÓN, Eliseo. *Lenguage y Comunicación Social.* Buenos Aires, Nueva Visión, 1969.

VOYENNE, Bernard. *La Prensa en la Sociedad Contemporánea.* Madri, Nacional, 1968.

WATZLAWICK, Paul, BEAVIN, Janet Helmick e JACKSON, Don D. *Teoria de la Comunicación Humana.* Buenos Aires, Nueva Visión, 1969.

SOBRE A AUTORA

Cremilda de Araújo Medina é da geração de 60 que, ao terminar o secundário, optou pela profissionalização no jornalismo e fez a faculdade com esse intuito (1960-1963). Ainda estudante do Curso de Jornalismo da Faculdade de Filosofia da Universidade Federal do Rio Grande do Sul, começou a trabalhar como repórter na já extinta *Revista do Globo*. Sua prática profissional seguiu o ritmo normal — repórter, redatora, editora —, embora marcado por uma certa inquietude que a fez experimentar vários campos da Comunicação Coletiva.

Ainda no Rio Grande do Sul, fez jornal, revista, rádio, publicidade e trabalhou em editora. Seis anos após sua profissionalização, Cremilda foi chamada à Universidade para iniciar uma experiência pedagógica no então curso de Jornalismo (depois Escola de Comunicação) da Federal de Porto Alegre. Em 1971 transferiu-se para São Paulo para cursar pós-graduação na área de Comunicações e foi, então, convidada a trabalhar na Universidade de São Paulo. De 1971 a 1975 dedicou-se à pesquisa e a um trabalho pedagógico desenvolvido em várias capitais brasileiras e na América Latina.

Professora e pesquisadora do Centro Internacional de Estudos Superiores de Periodismo para a América Latina (CIESPAL), com sede em Quito, Equador, trabalhou também no *Jornal da Tarde*, TV Bandeirantes, TV Cultura, *Revista Fotóptica* e no jornal *O Estado de S. Paulo* (de 1975 a 1985).

Notícia: Um Produto à Venda (Jornalismo na Sociedade Urbana e Industrial) é o segundo livro de Cremilda Medina; publicou antes em co-autoria com Paulo Roberto Leandro *A Arte de Tecer o Presente (Jornalismo Interpretativo)*. *Notícia: Um Produto à Venda* foi sua tese de Mestrado, defendida em 1975 na Universidade de São Paulo. Neste mesmo ano, devido à repressão da ditadura militar, saiu da USP, só voltando em 1986. Atualmente é professora de graduação em Jornalismo da Escola de Comunicações e Artes da Universidade de São Paulo e de pós-graduação em Ciências da Comunicação (implantou a área "Teorias Latino-Americanas de Jornalismo").

No período de dedicação exclusivamente profissional, grande parte dele como editora de Artes e Cultura de *O Estado de S. Paulo*, publicou intensa produção jornalística, mas também vários livros. Por solicitação de um programa de bibliografia especializada e produzida na América Latina, publicou *El Rol del Periodista* em espanhol, editado pelo CIESPAL, Quito, 1980. Este mesmo livro foi lançado em português, com o título *Profissão Jornalística: Responsabilidade Social*, pela Forense, Rio, 1982. Realizando um amplo trabalho de investigação e difusão das literaturas de língua portuguesa, publicou, a seguir, uma trilogia que contém ao todo 124 perfis, notas bibliográficas e fragmentos de obra dos escritores do Brasil, Portugal, Moçambique, Angola, São Tomé e Príncipe, Cabo Verde e Guiné-Bissau. *Viagem à Literatura Portuguesa Contemporânea* saiu em 1983, pela Nórdica, do Rio de Janeiro; *A Posse da Terra —* *Escrito Brasileiro Hoje* foi publicado pela Imprensa Nacional, de Lisboa, em 1985; *Sonha Mamana África*, de 1987, é uma edição brasileira da Epopéia, de São Paulo.

Ao retornar à vida acadêmica, doutorou-se em Ciências da Comunicação na Universidade de São Paulo, em 1986, com a tese "Modo de Ser, Mo'Dizer". Esta é uma reflexão e experimentação com uma linguagem jornalística dialógica, de que saiu um novo livro — *Entrevista, o Diálogo Possível*, editado pela Ática em 1986.

A Summus, além de apresentar a segunda edição revisada de *Notícia: Um Produto à Venda*, está lançando também outro trabalho de Cremilda Medina. Trata-se de um oportuno debate: *O Jornalismo na Nova República*. Profissionais, pesquisadores e estudantes discutiram, em 1986, na Universidade de São Paulo, o desempenho dos meios de comunicação frente à demanda social do atual período histórico. O resultado deste encontro, organizado, coordenado e editado pela autora, comparece neste outro lançamento de 1987.

NOVAS BUSCAS EM COMUNICAÇÃO
VOLUMES PUBLICADOS

1. *Comunicação: teoria e política* — José Marques de Melo.
2. *Releasemania — uma contribuição para o estudo do press-release no Brasil* — Gerson Moreira Lima.
3. *A informação no rádio — os grupos de poder e a determinação dos conteúdos* — Gisela Swetlana Ortriwano.
4. *Política e imaginário nos meios de comunicação para massas no Brasil* — Ciro Marcondes Filho (organizador).
5. *Marketing político e governamental — um roteiro para campanhas políticas e estratégias de comunicação* — Francisco Gaudêncio Torquato do Rego.
6. *Muito além do Jardim Botânico — um estudo sobre a audiência do Jornal Nacional da Globo entre trabalhadores* — Carlos Eduardo Lins da Silva.
7. *Diagramação — o planejamento visual gráfico na comunicação impressa* — Rafael Souza Silva.
8. *Mídia: o segundo Deus* — Tony Schwartz.
9. *Relações públicas no modo de produção capitalista* — Cicilia Krohling Peruzzo.
10. *Comunicação de massa sem massa* — Sérgio Caparelli.
11. *Comunicação empresarial/comunicação institucional — Conceitos, estratégias, planejamento e técnicas* — Francisco Gaudêncio Torquato do Rego.
12. *O processo de relações públicas* — Hebe Wey.
13. *Subsídios para uma Teoria da Comunicação de Massa* — Luiz Beltrão e Newton de Oliveira Quirino.
14. *Técnica de reportagem — notas sobre a narrativa jornalística* — Muniz Sodré e Maria Helena Ferrari.
15. *O papel do jornal — uma releitura* — Alberto Dines.
16. *Novas tecnologias de comunicação — impactos políticos, culturais e socioeconômicos* — Anamaria Fadul (organizadora).
17. *Planejamento de relações públicas na comunicação integrada* — Margarida Maria Krohling Kunsch.
18. *Propaganda para quem paga a conta — do outro lado do muro, o anunciante* — Plinio Cabral.
19. *Do jornalismo político à indústria cultural* — Gisela Taschner Goldenstein.
20. *Projeto gráfico — teoria e prática da diagramação* — Antonio Celso Collaro.
21. *A retórica das multinacionais — a legitimação das organizações pela palavra* — Tereza Lúcia Halliday.
22. *Jornalismo empresarial* — Francisco Gaudêncio Torquato do Rego.
23. *O jornalismo na nova república* — Cremilda Medina (organizadora).
24. *Notícia: um produto à venda — jornalismo na sociedade urbana e industrial* — Cremilda Medina.
25. *Estratégias eleitorais — marketing político* — Carlos Augusto Manhanelli.
26. *Imprensa e liberdade — os princípios constitucionais e a nova legislação* — Freitas Nobre.
27. *Atos retóricos — mensagens estratégicas de políticos e igrejas* — Tereza Lúcia Halliday (organizadora).

28. *As telenovelas da Globo — produção e exportação* — José Marques de Melo.
29. *Atrás das câmeras — relações entre cultura, Estado e televisão* — Laurindo Lalo Leal Filho.
30. *Uma nova ordem audiovisual — novas tecnologias de comunicação* — Cândido José Mendes de Almeida.
31. *Estrutura da informação radiofônica* — Emilio Prado.
32. *Jornal-laboratório — do exercío escolar ao compromisso com o público leitor* — Dirceu Fernandes Lopes.
33. *A imagem nas mãos — o vídeo popular no Brasil* — Luiz Fernando Santoro.
34. *Espanha: sociedade e comunicação de massa* — José Marques de Melo.
35. *Propaganda institucional — usos e funções da propaganda em relações públicas* — J. B. Pinho.
36. *On camera — o curso de produção de filme e vídeo da BBC* — Harris Watts.
37. *Mais do que palavras — uma introdução à teoria da comunicação* — Richard Dimbleby e Graeme Burton.
38. *A aventura da reportagem* — Gilberto Dimenstein e Ricardo Kotscho.
39. *O adiantado da hora — a influência americana sobre o jornalismo brasileiro* — Carlos Eduardo Lins da Silva.
40. *Consumidor versus propaganda* — Gino Giacomini Filho.
41. *Complexo de Clark Kent — são super-homens os jornalistas?* — Geraldinho Vieira.
42. *Propaganda subliminar multimídia* — Flávio Calazans.
43. *O mundo dos jornalistas* — Isabel Siqueira Travancas.
44. *Pragmática do jornalismo — buscas práticas para uma teoria da ação jornalística* — Manuel Carlos Chaparro.
45. *A bola no ar — o rádio esportivo em São Paulo* — Edileuza Soares.
46. *Relações públicas: função política* — Roberto Porto Simões.
47. *Espreme que sai sangue — um estudo do sensacionalismo na imprensa* — Danilo Angrimani.
48. *O século dourado — a comunicação eletrônica nos EUA* — S. Squirra.
49. *Comunicação dirigida escrita na empresa — teoria e prática* — Cleuza G. Gimenes Cesca.
50. *Informação eletrônica e novas tecnologias* — María-José Recoder, Ernest Abadal, Lluís Codina e Etevaldo Siqueira.
51. *É pagar para ver — a TV por assinatura em foco* — Luiz Guilherme Duarte.
52. *O estilo magazine — o texto em revista* — Sergio Vilas Boas.
53. *O poder das marcas* — J. B. Pinho.
54. *Jornalismo, ética e liberdade* — Francisco José Karam.
55. *A melhor TV do mundo — o modelo britânico de televisão* — Laurindo Lalo Leal Filho.
56. *Relações públicas e modernidade — novos paradigmas em comunicação organizacional* — Margarida Maria Krohling Kunsch.
57. *Radiojornalismo* — Paul Chantler e Sim Harris.
58. *Jornalismo diante das câmeras* — Ivor Yorke.
59. *A rede — como nossas vidas serão transformadas pelos novos meios de comunicação* — Juan Luis Cebrián.
60. *Transmarketing — estratégias avançadas de relações públicas no campo do marketing* — Waldir Gutierrez Fortes.
61. *Publicidade e vendas na Internet — técnicas e estratégias* — J. B. Pinho.
62. *Produção de rádio — um guia abrangente da produção radiofônica* — Robert McLeish.
63. *Manual do telespectador insatisfeito* — Wagner Bezerra.
64. *Relações públicas e micropolítica* — Roberto Porto Simões.
65. *Desafios contemporâneos em comunicação — perspectivas de relações públicas* — Ricardo Ferreira Freitas, Luciane Lucas (organizadores).
66. *Vivendo com a telenovela — mediações, recepção, teleficcionalidade* — Maria Immacolata Vassallo de Lopes, Silvia Helena Simões Borelli e Vera da Rocha Resende.
67. *Biografias e biógrafos — jornalismo sobre personagens* — Sergio Vilas Boas.
68. *Relações públicas na internet — Técnicas e estratégias para informar e influenciar públicos de interesse* — J. B. Pinho.
69. *Perfis — e como escrevê-los* — Sergio Vilas Boas.
70. *O jornalismo na era da publicidade* — Leandro Marshall.
71. *Jornalismo na internet* – J. B. Pinho.